高等职业教育创新型人才培养系列教材

快递末端低成本创业实务

闫　靖　陈　丽　主　编
高　燕　王思强　副主编

北京航空航天大学出版社

内 容 简 介

全书共分 5 个项目，包括概述、快递创业基础、快递驿站创业、快件箱创业、快递末端增值性服务创业。各章内容分为章节概要、拓展阅读、名人名句、创业小贴士、创业实践训练等，对具体创业项目中可能遇到的问题、解决方案等均进行了详细介绍，实用性很强。本书力求业务技能知识全面、实用，满足企业快递人员的需求。

本书配有教学资源包（电子课件、拓展资源）供任课教师选用，请发邮件至 goodtextbook@126.com 或致电 010-82339817 申请索取。

本教材可供高职高专院校现代物流管理专业、快递运营管理专业及其他相关专业教学使用，并适用于有意围绕快递末端进行创业的群体及广大快递从业者参考。

图书在版编目(CIP)数据

快递末端低成本创业实务 / 闫靖，陈丽主编.
北京：北京航空航天大学出版社，2024.8. -- ISBN 978-7-5124-4426-3

Ⅰ. F618.1

中国国家版本馆 CIP 数据核字第 2024J6F127 号

版权所有，侵权必究。

快递末端低成本创业实务

闫 靖 陈 丽 主编
高 燕 王思强 副主编
策划编辑 冯 颖 责任编辑 冯 颖

*

北京航空航天大学出版社出版发行

北京市海淀区学院路 37 号（邮编 100191） http://www.buaapress.com.cn
发行部电话：(010)82317024 传真：(010)82328026
读者信箱：goodtextbook@126.com 邮购电话：(010)82316936
北京凌奇印刷有限责任公司印装 各地书店经销

*

开本：710×1 000 1/16 印张：7.5 字数：160 千字
2024 年 8 月第 1 版 2024 年 8 月第 1 次印刷 印数：1 000 册
ISBN 978-7-5124-4426-3 定价：39.00 元

若本书有倒页、脱页、缺页等印装质量问题，请与本社发行部联系调换。联系电话：(010)82317024

前　　言

随着电子商务、移动电子商务、直播电子商务等消费新业态的蓬勃发展，我国快递业得到迅猛发展并形成了庞大的产业规模，业务量稳居世界第一。末端投递是快递服务链条的最后一环，也是网购消费者体验最直接、感受最直观的环节。城市快递末端网点数量非常庞大，有上门投递、智能箱投递、平台投递、无人配送等多种服务形式，为学生就业和创业提供了大量机会。与其他创业形式相比，快递末端创业属于低门槛、低成本、低风险的创业方式，深受学生青睐，而且比较容易得到家长的支持。为了进一步培养学生的创新精神和创业能力，提高学生的就业能力和就业质量，响应国家"大众创业、万众创新"的号召，融合专业教育与创新创业教育，帮助现代物流管理、快递运营管理等相关专业的学生更好地开展创业活动，我们编写了这本《快递末端低成本创业实务》。

作者团队采用"专业＋创业"的形式开发本教材，切实融合专业教育与创新创业教育，引导学生结合专业开展创业活动，以创业带动就业，提高就业质量。本教材将快递业务与创业知识相结合，从低成本快递创业项目出发，按照创业的基本逻辑搭建内容结构，包括概述、快递创业基础、快递驿站创业、快件箱创业、快递末端增值服务创业 5 部分，力图帮助学生形成对快递创业的正确认知，了解快递创业的项目思路，掌握快递创业的基础知识、方法技巧，锻炼学生快递创业的能力。各章包括章节概要、教学目标、拓展阅读、创业小贴士、创业实践训练、案例分析、名人名句等模块，结构合理，深入浅出，并配有教学课件，适合高职高专和高等院校本科学生使用。

本书围绕快递末端创业展开，主要介绍学生日常能接触到的、成本较低的项目，目的在于引导学生认识到劳动最光荣、劳动最崇高、劳动最伟大、劳动最美丽，并崇尚劳动、热爱劳动、辛勤劳动、诚实劳动，树立诚实守信、积极进取、敢为人先、善于变通、胸怀远见、不轻言放弃的创业精神，提升热情、周到、主动、包容、用户至上的服务意识；主动学习、终身学习，不断提高管理综合素养。

作者团队包括高校相关专业教师、专营快递末端创业的行业专家、快递企业资深管理者，结合快递行业发展的最新信息，以真实有效的创业案例切实提高教材的适用性和应用性。

本书由四川开放大学闫靖、陈丽担任主编,四川开放大学高燕、imile物流科技有限公司PUDO高级经理王思强担任副主编,快递行业专家苏洪飞、甘浩泽参编。闫靖编写项目1,陈丽编写项目2和项目4,王思强、苏洪飞、甘浩泽编写项目3,高燕编写项目5,全书由闫靖统稿。四川开放大学高职院数学经济学院院长肖红波主审本书,并提出了很多宝贵意见,在此表示感谢。

由于编者水平有限,书中如有不妥之处,敬请读者批评指正。

编 者

2024年1月

目　　录

项目 1　概　述 ………………………………………………………… 1

　任务 1.1　快递概述 …………………………………………………… 2
　　1.1.1　快递与快递业概述 ………………………………………… 3
　　1.1.2　快递企业运营管理 ………………………………………… 7
　任务 1.2　快递末端与创业 …………………………………………… 10
　　1.2.1　快递末端概述 ……………………………………………… 10
　　1.2.2　快递末端创业 ……………………………………………… 14
　　1.2.3　改变对快递业的认知 ……………………………………… 15
　课后习题 ………………………………………………………………… 18

项目 2　快递创业基础 ………………………………………………… 19

　任务 2.1　评估快递创业者素养 ……………………………………… 20
　　2.1.1　创业者的基本素养 ………………………………………… 21
　　2.1.2　快递创业者的核心素质 …………………………………… 24
　任务 2.2　整合快递创业资源 ………………………………………… 29
　　2.2.1　创业资源 …………………………………………………… 29
　　2.2.2　快递创业资源 ……………………………………………… 31
　　2.2.3　获取快递创业资源 ………………………………………… 33
　　2.2.4　整合快递创业资源 ………………………………………… 39
　任务 2.3　组建和管理快递创业团队 ………………………………… 40
　　2.3.1　组建快递创业团队 ………………………………………… 40
　　2.3.2　快递创业团队管理中的常见问题 ………………………… 46
　课后习题 ………………………………………………………………… 49

项目 3　快递驿站创业 ………………………………………………… 50

　任务 3.1　快递驿站的申请标准 ……………………………………… 52
　　3.1.1　菜鸟驿站的申请标准 ……………………………………… 52
　　3.1.2　兔喜生活＋的申请标准 …………………………………… 55

 任务 3.2 快递驿站创业的基础能力 ································· 56
  3.2.1 评估竞争情况 ·· 56
  3.2.2 熟练操作快递驿站系统 ·· 58
  3.2.3 熟练操作快递驿站设备 ·· 63
  3.2.4 熟练进行快件日常管理 ·· 64

 任务 3.3 快递驿站创业的业务管理 ································· 69
  3.3.1 做好关系维护，保持快递资源 ··································· 70
  3.3.2 提高服务质量，维护客户资源 ··································· 71
  3.3.3 优化人员管理，提高员工绩效 ··································· 72
  3.3.4 优化管理流程，顺利完成 KPI ··································· 73

 任务 3.4 快递驿站创业的常见问题及解惑 ····················· 75
  3.4.1 快递驿站需要投入多少资金 ······································· 75
  3.4.2 快递驿站选址的注意事项 ·· 76
  3.4.3 快递驿站装修的注意事项 ·· 79
  3.4.4 如何预估快递驿站的收入 ·· 81
  3.4.5 如何获取快递资源 ·· 83
  3.4.6 快递临时终止合作如何应对 ······································· 85
  3.4.7 旺季爆仓如何处理应对 ·· 86
  3.4.8 快件遗失如何处理 ·· 87
  3.4.9 驿站如何做好特殊时期的卫生工作和防护工作 ··· 88
 课后习题 ··· 88

项目 4 快件箱创业 ··· 89

 任务 4.1 快件箱创业的主要形式 ······································· 90
  4.1.1 智能快件箱的发展历史 ·· 91
  4.1.2 快件箱创业的主要形式 ·· 92

 任务 4.2 快件箱创业的常见问题及解惑 ························· 94
  4.2.1 如何选择快件箱品牌 ·· 94
  4.2.2 快件箱适合安置在什么地方 ······································· 95
  4.2.3 快件箱的盈利来源有哪些 ·· 96
 课后习题 ··· 97

项目 5 快递末端增值性服务创业 ······························· 98

 任务 5.1 快递＋社区团购 ·· 99

  5.1.1 快递＋社区团购 …………………………………………… 100

  5.1.2 社区团购的创业难点 ………………………………………… 103

 任务 5.2 快递＋地推 …………………………………………………… 103

  5.2.1 快递＋地推概述 …………………………………………… 104

  5.2.2 快递＋地推的创业难点 …………………………………… 105

 任务 5.3 快递＋便利店 ………………………………………………… 106

  5.3.1 快递＋便利店概述 ………………………………………… 106

  5.3.2 快递＋便利店的创业难点 ………………………………… 108

 任务 5.4 快递驿站＋跑腿 ……………………………………………… 108

  5.4.1 快递驿站＋跑腿概述 ……………………………………… 109

  5.4.2 快递驿站＋跑腿的创业难点 ……………………………… 111

 课后习题 ………………………………………………………………… 111

参考文献 ………………………………………………………………… 112

项目 1　概　述

📚 项目概要

快递又称速递或快运,是在承诺的时限内快速完成的寄递服务。快递企业是提供快递服务的企业。我国快递业由中华人民共和国国家邮政局负责监管。成立快递经营主体需具备企业法人资格,符合法定的注册资本,取得快递业务经营许可并提供快递服务,具有相适应的服务能力和管理能力。按照经营模式的不同,快递企业可以分为直营式和加盟式两种。

快递业务基本流程包括快件收寄、处理、运输和派送四大环节。"快递末端"准确的定义为"快递业务经营者直接服务消费者的环节",快件的投递、揽收业务都在末端完成。快递末端主要有快递末端网点、智能快递箱、快递员3种表现形式。对于加盟式快递公司,揽收、派送环节工作主要由加盟商承担。快递企业制定一系列管理制度和标准,并通过信息化平台对加盟商进行管理与考核。

快递末端创业形式有终端门店(驿站)加盟、快件箱创业、快递末端增值服务创业3种。经过迅速发展,中国的快递行业正在从过去的劳动密集型产业向技术密集型产业转型,向信息化、自动化、智能化发展。

📚 教学目标

👉 知识目标

- 掌握快递、快递末端的概念;
- 了解快递行业现状与发展;
- 了解快递经营模式、快递末端管理方式;
- 熟悉快递企业作业流程;
- 了解快递末端创业的种类,熟悉末端作业内容。

👉 能力目标

- 对快递业有正确的认知;
- 能够区分快递公司各流程的业务内容;
- 能够完成快递末端各项作业内容。

👉 素质目标

- 形成对快递行业的正确认知,能从不同角度分析和看待问题;
- 尊重职业、尊重劳动,形成劳动无贵贱的认知;
- 养成吃苦耐劳、坚韧不拔的人格品质。

教学重难点

☞ **教学重点**

- 快递、快递业概念、快递企业运营模式；
- 快递末端创业形式。

☞ **教学难点**

- 快递企业运营管理、快递末端创业形式。

任务 1.1　快递概述

【拓展阅读 1-1】

极兔速递之危，危在行业驶入高"质"发展周期

极兔速递（J&T Express）是一家科技创新型互联网快递企业。2015 年 8 月，OPPO 印尼业务的创始人李杰带领团队在印度尼西亚雅加达成立了极兔速递公司。其创建初衷是解决 OPPO 手机在东南亚地区的运输问题，之后在短短两年时间即成长为东南亚市场单量第二、印尼快递行业单日票量第一的公司。

极兔速递致力于持续为客户创造极致的快递和物流体验，成为一家值得客户信赖的综合性物流服务商。业务涉及快递、快运、仓储及供应链等多元化领域，业务类型涵盖同城、跨省及国际件。极兔速递目前在全球拥有超过 170 个大型转运中心、600 组智能分拣设备、4 000 辆自有车辆，同时还拥有超过 10 000 个运营网点，员工数量超过 14 万人。

2019 年下半年，极兔速递仅派遣了一支 10 人左右的核心团队回国筹备业务。2020 年 3 月，极兔速递开始在国内分批起网，正式在全国范围内接单。2020 年 4 月，极兔速递获得博裕资本领投、红杉资本和高瓴资本跟投的 18 亿美元，接入拼多多、当当网、苏宁、有赞等 11 家电商平台。2020 年 8 月后，公司再次获得 2.5 亿美元投资。有市场消息称，极兔速递 90% 以上的单量来自拼多多。而在 2020 年，拼多多全年订单数达 383 亿，日均包裹数超过 7 000 万。除拿下拼多多的支持外，极兔同时将拼多多的低价策略运用到淋漓尽致。在浙江义乌这个中国大众电商创业最活跃的地方，极兔速递曾将快递价格降到了 1 元以下，而彼时圆通快递的价格为 1.2 元，申通快递为 1.35 元，百世快递为 1.3 元。基于拼多多的渠道与低价策略，到 2021 年初，极兔速递日单量迅速突破 2 000 万大关。

2021 年 10 月 29 日，上海极兔速递和百世集团共同宣布达成战略合作意向，极兔速递以约 68 亿元的价格收购百世集团中国快递业务。2022 年 5 月 31 日，极兔全网日均件量已经达到 4 000 万。2022 年第一季度，顺丰、申通、韵达、圆通、中通的日单量分别约为 2 500 万、2 700 万、3 800 万、4 150 万和 5 800 万。单从这一指标来

看,极兔已经将国内的老牌快递企业顺丰、申通和韵达统统甩在了身后。

(资料来源:百度百家号)

【拓展阅读1-2】

菜鸟还是做了自营快递!起名"菜鸟速递"

菜鸟最终还是做起了快递。2023年6月28日,菜鸟集团宣布推出自营的品质快递业务"菜鸟速递",由服务天猫超市的配送业务升级为全国快递网络,并提供半日达、次日达和经济仓配三大服务。

6月28日,在2023全球智慧物流峰会上,菜鸟集团CEO万霖介绍,菜鸟速递将推出三大重点分层服务,包括优选仓配、智选仓配和经济仓配。据了解,优选仓配提供半日达且送货上门的品质服务;智选仓配是菜鸟与申通合作,提供最低3元的经济价格以及次日达服务;经济仓配则覆盖全国产业带,主打极致价格。

回顾过往,菜鸟做自营快递的商业布局可谓是稳扎稳打:先后整合了万象、晟邦、东骏等多家落地配送企业;2019年5月菜鸟推出落地配送品牌"丹鸟",服务于天猫超市,提供送货上门服务;紧接着,2020年4月,丹鸟获得了全国快递业务经营许可证;2022年8月,菜鸟又将"丹鸟"改名为"菜鸟直送",将送货上门服务从天猫超市扩大到天猫国际业务,并逐步扩大商家、品类的服务范围。

亲自下场做快递,菜鸟速递服务基本涵盖了全重量级包裹。据了解,按照货物大小,菜鸟速递以单票10 kg以上划分为大件包裹,中小件服务区间在500 g~10 kg,而微小件则是为美妆、服装等行业提供的500 g内的专属产品。

万霖表示,今年菜鸟除了国内快递全新升级外,还将提供国内供应链多层次产品,并在海外重点区域深耕,加速国际快递布局。据了解,会上,速卖通和菜鸟联合宣布,将在今年内正式推出"全球5日达"国际快递快线产品。

(资料来源:《北京商报》 2023年6月28日)

1.1.1 快递与快递业概述

(1) 快递相关概念

快递又称速递或快运,是指物流企业(含货运代理)通过自身的独立网络或以联营合作(联网)的方式,将用户委托的文件或包裹快捷而安全地从发件人送达收件人的门到门(手递手)的运输方式。

在我国,快递业由中华人民共和国国家邮政局承担监管责任,包括负责快递等邮政业务的市场准入、维护信件寄递业务专营权、依法监管邮政市场等。目前,国家邮政局由交通运输部代管。

邮政企业(postal enterprise)是中国邮政集团有限公司及其提供邮政服务的全资企业和控股企业。快递企业(express enterprise)是除邮政企业以外的提供快递服务的企业。我国邮政行业标准《快递服务》中明确规定:快递服务就是快速收寄、运输、投递单独封装的、有名址的快件或其他不需储存的物品,按承诺时限递送到收件人或指定地点并获得签收的寄递服务。其中,快件是快递服务组织依法收寄并封装完好的信件和包裹等寄递物品的统称。简单地说,快递是在承诺的时限内快速完成的寄递服务。

世界贸易组织在《服务贸易总协定》中按照联合国集中产品分类系统,将服务分类定义为12个部门。其中,快递服务被定义为"除国家邮政当局提供的服务以外,由非邮政快递公司利用一种或多种运输方式提供的服务,包括提取、运输和递送信函、大小包裹的服务,无论目的地在国内还是在国外,这些服务可利用自有和公共运输工具来提供。"

(2) 我国快递业发展现状

我国快递业的发展经历了起步阶段、成长阶段和快速发展阶段。受益于居民收入的提升、消费观念的改变以及互联网网购等消费新业态的蓬勃发展,我国快递行业得到迅猛发展。2014年,我国快递业务量一跃成为世界第一。自2015年,快递业务量稳居世界第一,常态化进入单日快递"亿件时代",中国已牢牢锁定"第一快递大国"的地位。数据显示,近年来,随着市场需求的快速增长以及快递行业的高速发展,快递业务规模不断扩大。2023年1～7月,全国快递企业业务累计完成703亿件,同比增长15.5%;业务收入累计完成6 495.3亿元,同比增长10.5%。其中,7月快递业务完成量达107.7亿,同比增长11.7%;业务收入完成952.4亿元,同比增长6.0%。其中,中部和西部快递业务量占比逐年增长,快递行业区域发展更加均衡。

快递业管理制度不断完善。为适应发展需要,我国修订了《中华人民共和国邮政法》,确立了民营快递企业的合法身份,于2009年10月起施行。2015年,国务院印发《关于促进快递业发展的若干意见》,鼓励各类资本依法进入快递领域,进一步开放国内快递市场;2018年,《快递暂行条例》颁布,支持快递企业在农村、偏远地区发展快递服务网络,为企业发展创造条件。如今,我国已有5家品牌企业实现年业务收入超千亿元,7家快递企业完成上市,成为推动快递业发展壮大的重要力量。

随着快递技术不断改进,快递企业正在向现代化企业转型。2003年,顺丰引进快递巴枪,一举提高了快件扫描入库效率;2007年,韵达运营车辆全部安装GPS定位跟踪系统,让包裹查询更加便利;2014年,菜鸟率先推出电子面单,让数据抢在包裹之前流动;2015年,申通快递推出智能分拣机器人,让每小时包裹处理量达到近2万;2023年,600多辆京东物流无人快递车活跃在全国30多座城市……从手写面单到电子面单、从手拉肩扛到自动分拣,快递行业已经实现"汗水快递"到"智慧快递"的转变。

《"十四五"邮政业发展规划》提出了规模实力、基础网络、创新能力、服务水平、治理效能五大方面目标,设定了邮政业业务收入、建制村快递服务通达率、重点地区快递服务72小时准时率、八家头部企业(CR8)研发经费投入增长、可循环快递包装保有量等12项指标。

目前我国快递行业由"高数量"增长迈入"高质量"发展新阶段，主要快递服务企业持续聚焦客户体验，深化产品服务创新，不断探索和打造差异化产品与服务，精准满足消费者日益多元的服务需求，以服务质量构筑品牌竞争力，其均依托于信息化、数字化、智能化、自动化等新兴技术赋能管理和网络，着力提升全网管理效率和能力，增强综合服务能力，助力行业发展提质增效。

【拓展阅读 1-3】

国家邮政局公布 2023 年邮政行业运行情况

国家邮政局公布 2022 年邮政行业运行情况：2023 年，邮政行业寄递业务累计完成 1 624.8 亿件，同比增长 16.8%。其中，快递业务（不包含邮政集团包裹业务）累计完成 1 320.7 亿件，同比增长 19.4%。

2023 年，同城快递业务累计完成 136.4 亿件，同比增长 6.6%；异地快递业务累计完成 1 153.6 亿件，同比增长 20.5%；国际/港澳台快递业务累计完成 30.7 亿件，同比增长 52.0%。

2023 年，邮政函件业务累计完成 9.7 亿件，同比增长 2.7%；包裹业务累计完成 2 470.2 万件，同比增长 40.6%；报纸业务累计完成 167.0 亿份，同比增长 0.8%。

2023 年，邮政行业业务收入（不包括邮政储蓄银行直接营业收入）累计完成 15 293.0 亿元，同比增长 13.2%。其中，快递业务收入累计完成 12 074.0 亿元，同比增长 14.3%。

2023 年，同城、异地、国际/港澳台快递业务量分别占全部快递业务量的 10.3%、87.4% 和 2.3%，业务收入分别占全部快递收入的 5.9%、49.7% 和 11.6%。与去年同期相比，同城快递业务量的比重下降 1.3%，异地快递业务量的比重上升 0.8%，国际/港澳台业务量的比重上升 0.5%。2023 年，东、中、西部地区快递业务量比重分别为 75.2%、16.7% 和 8.1%，业务收入比重分别为 76.2%、14.1% 和 9.7%。与去年同期相比，东部地区快递业务量比重下降 1.6%，快递业务收入比重下降 1.4%；中部地区快递业务量比重上升 1.0%，快递业务收入比重上升 0.7%；西部地区快递业务量比重上升 0.6%，快递业务收入比重上升 0.7%。

（资料来源：国家邮政局网站）

【拓展阅读 1-4】

快递业高质量发展步伐加快，快递业增速领跑现代服务业

卸货安检、自动分拣、货物打板……暮色四合，位于广东深圳的顺丰华南航空枢纽灯火通明，一件件航空快件在全自动化设备上快速流转。不久后，它们将搭乘不同型号的全货机飞往全球各地。

步入顺丰航空运行控制中心，在电子大屏上，货机实时运行轨迹清晰可见。当前，顺丰航空已是我国机队规模最大的货运航空公司。超 80 架全货机分布在全国

40多个城市,平均每天执行近150个航班,国际航线覆盖亚洲并延伸欧美。

近年来,民营快递企业与邮政行业国有企业既相互竞争又携手合作,共同推动我国成为世界最具活力的寄递市场:

- 市场规模更大。2010年至2022年,我国快递业务量增长了47.3倍,年复合增长率达37.9%,增速领跑现代服务业。2022年,我国快递业务量占全球快递包裹市场的60%以上。
- 寄递网络更广。2022年,全行业拥有各类营业网点43.4万处,快递网点乡镇覆盖率达99%,我国已建成覆盖全国、深入乡村、通达全球的世界规模最大的邮政快递网络。
- 服务能力更强。目前,我国快递业专有货机达161架,服务车辆超26万辆,县级及以上分拨中心超万个,快递最高日处理能力超7亿件,72小时准时率超80%。

政策护航、电商助力、技术创新,快递业茁壮成长

快递进村、入厂、出海,上巨轮、登高铁、乘飞机……一路奋进向前,民营快递何以从无到有、由大变强?采访中,一家家企业的讲述,让答案逐渐清晰。

——政策护航,民企经营底气更足。

"民营快递企业起步之初,由于监管政策相对滞后,一时没有合法身份。为适应发展需要,我国修订了《中华人民共和国邮政法》,确立了民营快递企业的合法身份,于2009年10月起施行。"国家邮政局发展研究中心产品经理部主任王岳含说,此举彻底消除了快递业在体制机制上的障碍,让更多有实力的企业加入快递行业。

机制一转天地宽。2009年底,顺丰航空首航成功,成为首家拥有自建航空公司的民营快递企业;2011年9月,中通快递单日快件量突破百万大关,以最短时间跨入快递业"百万阵营";2011—2013年,申通快递加盟网点数实现翻番,服务门店超8 000家……

党的十八大以来,快递企业迎来诸多政策利好。2015年,国务院印发《关于促进快递业发展的若干意见》,鼓励各类资本依法进入快递领域,进一步开放国内快递市场;2018年,《快递暂行条例》颁布,支持快递企业在农村、偏远地区发展快递服务网络……"10多年来,中央层面出台涉邮涉快政策文件达百余份,涵盖税费减免、权益保障、农村寄递体系建设等多个方面,为快递业发展壮大提供了坚实保障。"王岳含说。

——电商助力,行业发展空间更大。

10年前,一到消费旺季,大量包裹滞留站点,"快递爆仓"一度广受社会关注,这也从一个侧面反映出互联网发展撬动电商业务高速增长,为快递企业发展创造了巨大的市场需求。

2005年,看到电商发展潜力的圆通速递与淘宝签约,从此开启了高速发展;

2006—2009年，圆通网络淘宝日均件量从2 000暴增到28万，年均件量也从73万跃升至1.02亿。

在菜鸟集团董事长蔡崇信看来，过去20年，我国快递物流行业凭借效率、成本等综合优势与竞争力，和电子商务默契配合、相互促进，基础设施建设水平、快递配送速度、包裹业务规模都有了很大提升，在全球同行业领先。

"互联网＋快递"的东风，助力我国电商快递业务板块蓬勃成长。今天，中国快递日均包裹量已超3.4亿，其中电商包裹占比超过80%，四通八达的快递服务支撑起超2 000万家网络零售店铺。

——技术创新，产业升级动力更强。

细细梳理民营快递发展壮大历程，不难发现，技术创新如影随形：2003年，顺丰引进快递巴枪，一举提升快件扫描入库效率；2007年，韵达运营车辆全部安装GPS定位跟踪系统，让包裹查询更加便利；2014年，菜鸟率先推出电子面单，让数据抢在包裹之前流动；2015年，申通快递推出智能分拣机器人，让每小时包裹处理量达到近2万个；今年，600多辆京东物流无人快递车活跃在全国30多座城市……

"依托科技创新不断降本增效，夯实了民营快递企业发展底盘。"王微说，从手写面单到电子面单、从手拉肩扛到自动分拣、无人配送，正是"汗水快递"到"智慧快递"的转变，提升了民营快递企业的市场竞争力，使其不断创造发展新可能。

(资料来源：《人民日报》 2023年8月2日第18版)

1.1.2 快递企业运营管理

(1) 成立快递企业

根据《中华人民共和国邮政法》《快递市场管理办法》《快递业务经营许可管理办法》和《快递服务》系列国家标准的相关规定，可以对快递经营主体做出如下定义：依法取得快递业务经营许可，在经营许可范围内提供快件的收寄、分拣、运输、投递等寄递服务的企业法人。

快递经营主体的成立必须满足以下4个基本条件：

① 具备企业法人资格。只有具备企业法人的主体资格才能申请从事快递业务的经营。根据《中华人民共和国公司法》的相关规定，若想取得企业法人资格，必须满足依法成立，有自己独立可供支配的财产，有自己的名称、组织机构和住所以及有独立承担民事责任能力的基本要求。这是实现快递经营主体长期稳定经营和对外承担责任的基本保障。

② 符合法定的注册资本。作为特殊服务行业，为了保证快递业务的服务水平和寄递安全，法律制定了对快递经营主体的最低注册资本限额。根据从事快递经营活动地域范围的不同，可以划分为3个标准：经营范围在省、自治区、直辖市以内的，企业的注册资本不得低于人民币50万元；经营范围跨省、自治区和直辖市的，企业的注册资本不得低于人民币100万元；经营国际快递业务的，企业的注册资本不得低于人

民币200万元。

③ 取得快递业务经营许可并提供快递服务。取得快递业务经营许可是成为快递经营主体的先决条件,法律详细地规定了申请条件和申请程序,并禁止伪造、涂改、冒用、租借、倒卖和非法转让许可证的行为。取得行政许可之后,快递经营主体应当在许可的地域范围和业务范围内从事快递经营活动,为用户提供收件、分拣、运输、投递等服务。

④ 具有相适应的服务能力和管理能力。法律对快递经营主体服务能力的要求亦按照省内、跨省和国际3个区域标准进行分类,对不同区域范围内快递经营主体在最低从业人数、快递业务的网络和运递能力、快件电话和网络查询以及快递员资格等各方面都进行了具体的规定。这是在硬件条件上为确保经营快递业务的企业拥有与其经营地域范围相适应服务能力而做出的要求。

快递市场管理办法规定,国家对快递业务实行经营许可制度。经营快递业务,应当依照《中华人民共和国邮政法》的规定,向邮政管理部门提出申请,取得快递业务经营许可;未经许可,任何单位和个人不得经营快递业务。中华人民共和国邮政行业标准《快递服务》规定,快递企业即快递服务组织(总部)应具有工商行政管理机关注册登记的企业法人资质。依照国家相关的法律、法规,对快递等邮政业务实行市场准入制度。邮政管理部门根据企业的服务能力审核经营许可的业务范围和地域范围,对符合规定条件的,发放快递业务经营许可证,并注明经营许可的业务范围和地域范围。经营快递业务的企业应当在经营许可范围内依法从事快递业务经营活动,不得超越经营许可业务范围和地域范围。

(2) 快递企业经营模式

按照经营模式的不同,快递企业可以分为直营式快递企业和加盟式快递企业两种。

a. 直营式快递企业

直营式快递企业是指企业由总部直接投资、经营、管理其下属分支机构和营业网点的快递经营模式。这种经营模式的特点是:①所有权和经营权集中统一于快递企业总部,所有成员企业必须是单一所有者,归一个公司、一个联合组织或单一个人所有;②由总部集中领导、统一管理,如人事、采购、计划、广告、会计、经营方针都集中统一;③实行统一核算制度;④下属分支机构和营业网点的经理是雇员而不是所有者;⑤全网实行标准化经营管理。

这种经营模式的优点在于:①对下属分支机构和营业网点管理、控制能力强,可以统一调动资金,统一经营战略,统一开发和运用整体性事业;②作为同一大型商业资本所有者拥有雄厚的实力,有利于融资、开发大型客户;③在人才培养使用、新服务产品开发推广、信息和管理现代化方面,易于发挥整体优势。缺点在于:①下属分支机构和营业网点自主权小,积极性、创造性和主动性受到限制;②需要拥有一定规模的自有资本,网络扩张和发展速度受到限制;③容易产生官僚化经营,使企业的交易成本大幅增加。

以直营方式经营的国内快递企业主要包括顺丰速运、宅急送等。

b. 加盟式快递企业

加盟式快递企业是指快递企业总部以特许经营的方式,将其注册商标、企业标识、网络资源、寄递渠道授予其他经营者(加盟企业),加盟商按照合同约定,在一定的时间和区域内,以统一的品牌向社会提供服务的快递经营模式。这种经营模式的特点是:①快递企业总部与加盟企业之间是基于合同关系的平等主体,无隶属关系,在不同地区的加盟企业之间既无隶属关系,也无合同关系,它们之间仅仅是在总部的统一协调下产生的合作关系,如互相派送快件、协调处理投诉等;②加盟企业的人、财、物属于加盟企业自有,总部无权处置,相应地,加盟企业的盈亏风险由其自行承担;③加盟企业是独立的市场经营主体,具有独立的行为能力,独立承担法律责任。

这种经营模式的优点在于:①快递品牌的服务网络扩张速度快,网络扩张风险基本由加盟企业承担;②总部的运营成本大大降低;③加盟企业具有较大自主权,能够充分发挥其积极性、创造性和主动性。缺点在于:①总部对加盟企业的管控能力较弱,不是因法定或约定事由,一般不得直接干预加盟企业的自主经营;②总部与加盟企业之间、同一品牌下的加盟企业之间,利益并不一致,事实上,在这些主体之间经常因利益冲突发生纠纷,直接损害快递用户的利益,近年来发生的非法扣押快件事件,多是在加盟式快递企业中出现的;③加盟式经营是一种简单的经营模式的复制,若不规范,多级加盟的方式极易导致无度扩张和市场混乱,监管困难。

(3) 快递企业业务流程

快递流程是指快件传递过程中,逐渐形成的一种相对固定的业务运行与操作顺序与环节。

快递产业服务对象既有生产类客户也有消费类客户,因此,快递产业属于生产性服务与消费性服务相兼容的现代服务业。各个快递公司在快件服务的具体安排上可能会存在一定的差别,但按照快递业务运行顺序,快递业务基本流程大致包括快件收寄、快件处理、快件运输和快件派送四大环节,如图1-1所示。

a. 快件收寄

快件收寄是快递流程的首要环节,是指快递企业在获得订单后由快递业务员上门服务,完成从客户处收取快件和收寄信息的过程。快件收寄分为上门揽收和网点收寄两种形式,其任务主要包括验视快件、指导客户填写运单和包装快件、计费称重、快件运回、交件交单等工作。业务流程如图1-1所示。

b. 快件处理

快件处理包括快件接收、分拣、封发3个主要环节,是快递流程中贯通上下环节的枢纽,在整个快件传递过程中发挥着十分重要的作用。这个环节主要是按客户运单填写的地址和收寄信息将不同流向的快件进行整理、集中,再分拣并封成总包发往目的地。快件的接收、分拣、封发是将快件由分散到集中、再由集中到分散的处理过

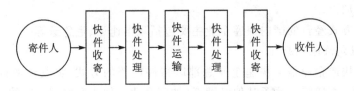

图 1-1 快递企业业务流程

程,它不仅包括组织快件的集中和分散,还涉及控制快件质量、设计快件传递频次、明确快件运输线路和经营转运关系等工作内容。

c. 快件运输

快件运输是指在统一组织、调度和指挥下,按照运输计划综合利用各种运输工具,将快件迅速、有效地运达目的地的过程。快件运输主要包括航空、公路和铁路3种方式。这3种运输方式各具特点,经营方式、运输能力和速度也各不相同。快递企业可根据快件的时效与批量等实际要求选择合适的运输方式来保证快速、准确地将快件送达客户。随着市场经济的飞速发展,航空运输在快件运输中日趋普遍,地位日益提高。

d. 快件派送

快件派送是指业务员按运单信息上门将快件递交收件人并获得签收信息的过程。快件派送是快递服务的最后一个环节,具体工作包括快件交接、选择派送路线、核实用户身份、确认付款方式、提醒客户签收、整理信息和交款等。快件派送工作不仅是直接保证快件快速、准确、安全地送达客户的最后一环,也是与客户建立并维护良好关系的一个重要机会。

在快递流程四大环节中,每个环节存在大量的作业运转工作,各个环节之间也需要密切配合、有效组织,从而保证快件传递的动态过程科学、高效。快递行业的 4 个环节中,揽收和投递都是通过快递末端完成的。

任务 1.2　快递末端与创业

1.2.1　快递末端概述

(1) 快递末端的概念

在快递行业的 4 个环节中,揽收和投递都是通过快递末端完成的。"快递末端"的准确定义为"快递业务经营者直接服务消费者的环节",快件的投递、揽收业务都在末端完成。快递末端主要有快递末端网点、智能快递箱、快递员 3 种表现形式。

a. 快递末端网点

在《快递暂行条例》出台之前,邮政法、快递市场管理办法等行业法律法规仅对邮政快递企业及其分支机构的设立、变更、备案、注销作出规定,无"快递末端网点"这一说法。行业内对有营业功能的分支机构及末端网点统一称为"快递营业场所"。2018年3月2日出台的《快递暂行条例》规定:"经营快递业务的企业及其分支机构可以根据业务需要开办快递末端网点,并应当自开办之日起20日内向所在地邮政管理部门备案。快递末端网点无需办理营业执照。"同年5月,国家邮政局配套出台了《快递末端网点备案暂行规定》,明确指出:"经营快递业务的企业或者其分支机构(以下统称开办者)根据业务需要,在乡镇(街道)、村(社区)、学校等特定区域设立或者合作开办的,为用户直接提供收寄、投递等快递末端服务的固定经营场所,属于快递末端网点。"至此,快递末端网点作为行业专业名称正式应用。

b. 智能快件箱

随着铺设规模的扩大、快递处理量的提升,智能快件箱已经成为快递服务链条中不可缺少的一环,将之纳入邮政快递业管理范畴、推动该领域健康发展势在必行。2019年6月,为深化快递领域"放管服"改革,引导快递新业态、新服务、新模式健康发展,国家邮政局在前期开展企业开办服务站经营快递业务许可试点工作的基础上,选取试点对企业运营智能快件箱经营快递业务实施许可。2019年9月,广东省邮政管理局向丰巢科技颁发全国首张智能快件箱经营许可证。2019年10月1日起施行的《智能快件箱寄递服务管理办法》第二条第二款规定:"本办法所称智能快件箱,是指提供快件收寄、投递服务的智能末端服务设施,不包括自助存取非寄递物品的设施、设备",第七条规定:"智能快件箱运营企业应当自智能快件箱提供寄递服务之日起20日内,向智能快件箱所在地省级以下邮政管理机构为智能快件箱办理快递末端网点备案"。由此,智能快件箱正式被纳入快递末端。

c. 快递员

快递员作为上门投递、揽收的个体,直接与消费者发生业务关系,是快递末端最初的表现形式。快递员直接负责收寄环节的实名、开箱制度执行,同时负责向消费者提供符合标准的快递服务,因此,快递员也是快递末端最关键的环节。快递员不但需要具备良好的身体条件、交流能力,同时还需掌握行业必备的法律法规、操作规范,具备一定的门槛。2009年9月1日,交通运输部公布实施的《快递业务经营许可管理办法》要求快递企业在申请办理快递业务经营许可时必须有符合《快递业务员国家职业技能标准》并通过资格认定的快递员,同时应达到一定数量的占比,分别是同城30%,省内异地、跨省异地40%,国际50%。

作为实现同样功能的3种快递末端表现形式,快递员、智能快递箱、快递末端网点具有不同的特点。快递员作为快递末端形式的优点是服务质量高,缺点是服务成本高;智能快递箱的优点是可持续提供服务,缺点是投递物品尺寸受限、投递效率低;以快递末端网点作为末端形式的优点是投递效率高,缺点是经营成本高。

(2) 快递末端管理

对于加盟型快递公司,公司的揽收、派送环节工作主要由加盟商承担,各加盟商负责固定区域内快件的揽收、派送工作,其末端网点及快递员构成了服务体系中最末端的网络体系,承担了快递服务"最后一公里"的工作,实现"门到门"的服务。快递公司为加盟商提供快件的运输中转、标准化管控、客户服务、安全管理、流程管理、信息技术、资金结算、员工培训、广告宣传及推广支持等综合服务,并授权其在日常运营中使用公司的商标和企业 VI(视觉设计)。

在加盟商管理模式下,快递公司通过制定《加盟网点培训管理制度》《网点规范操作标准》《网点评估考核管理办法》《派件时效监控标准及网络运行异常上报制度》等一系列加盟商管理制度和标准,并通过信息化平台对加盟商进行管理与考核。

a. 加盟商遴选流程

快递公司在加盟商的营业资质、资金规模、场地设备和人员配置等方面设置相应的准入条件,以保证加盟商的网络质量和服务能力。在收到潜在加盟商提交的申请资料后,对申请方进行资信评估,评估通过后,当原有加盟商出现清退、分割、转让等情况而需要引入新加盟商时,确定为新的加盟商。

b. 加盟商培训制度

快递公司通过建立完善的培训体系,针对制度、业务流程等方面对加盟商进行培训。对加盟商的培训主要包括:

① 业前培训:在新加盟商开展业务前的基础培训;

② 经理人培训:针对加盟商发展壮大后的负责人培训;

③ 强制培训:加盟商被预警后的补充培训。

c. 加盟商日常监控

快递公司通过信息化平台实时监控加盟商的订单状态、操作过程、硬件及人员状态等信息,并设置可量化的考核指标体系对加盟商进行日常监控与考核。

d. 加盟商考核与淘汰

公司对加盟商的各项考核指标进行实时监控后,会对加盟商进行定期考核。若考核指标不达标,会终止其加盟合作关系或调整其经营区域。

(3) 快递末端发展现状

随着快递行业规模的不断扩大、消费者结构与消费理念的不断变化,快递服务企业的末端服务能力对其市场形象、服务质量、行业口碑等均产生重要影响。近年来,快递"最后一公里"发生了很大变化。近几年,快递行业快件自提比例呈现逐年上升趋势,智能快件箱、终端门店、共享配送、第三方驿站等多元配送形式日益完善,快递服务企业均加大对建设末端服务能力的投入,延伸服务网络及范围,拓展多元化派送渠道,提升终端派送服务能力。商务部等 13 部门办公厅(室)在《全面推进城市一刻钟便民生活圈建设三年行动计划(2023—2025)》中提出,将智能快件箱、快递末端综合服务场所等纳入公共服务基础设施,有条件的地方可对微利、公益性业态给予房租减免、资金补贴等支持。

据 2023 年快递"最后一公里"大会研究报告《变化点、变革点》显示,近年来,快递"最后一公里"发生了很大变化。第一,快递末端服务在场所变化、投递升级、产品变化、网运变化、质量变化、服务变化等方面对生产方式进行了优化。第二,快递末端服务通过经济方式的转变实现更多功能叠加、更大规模效应、更多网络匹配,满足更多市场需求。第三,快递末端服务体现出效率提升、件均成本降低的趋势,对服务能力和水平提出更高要求。第四,快递末端服务不断完善规范标准,加强行业自律,推动业态丰富,适应发展趋势,持续通过完善投递规范、保障从业人员合法权益、优化技术流程、丰富激励机制等措施实现战略升级,更好地服务快递"最后一公里"。

【拓展阅读 1-5】

快递企业竞逐末端市场,赢面何在?

沉寂了良久的快递末端市场又迎来了搅局者。

近日,极兔速递的驿站业务"极兔邻里"在全国悄然铺开。覆盖全国超 340 个城市,触达超过 1 万个社区和乡镇,提供寄取件和快件箱服务。

很显然,极兔并不想把末端的用户资源拱手让人。

得末端者得天下

快递末端的驿站所连接的消费者数量众多,快递企业看中这一巨大的流量优势,试图将这些流量进行变现。

除基本的快递业务,快递企业还在零售上尝试布局,较为常见的是将快递与便利店、生鲜超市、社区团购等业态相结合,以期进入新的领域并有所突破。

2023 年 6 月,极兔速递开设了名为"极兔邻里"的末端驿站业务。根据极兔邻里的官网资料,极兔邻里提供驿站服务、驿站共配和快件箱三种服务。

多位业内人士表示,极兔邻里业务从 2022 年开始尝试。据悉,从 2023 年 2 月开始,极兔开始向全国范围大规模扩张驿站业务,业务类型类似此前的百世邻里,同样以加盟模式作为扩张手段。

事实上,百世邻里从 2015 年就已经开始起网布局,2020 年 5 月,邻里驿站的数量超过了 2 万,乡镇覆盖率达到 93%,并能辐射到新疆、青海等偏远地区。按照计划,2022 年底,百世的邻里驿站规模要达到 5 万个。不过随着百世集团选择以 68 亿元将国内快递业务卖给了极兔速递,其中的 3.7 万多个百世邻里驿站也被极兔收入麾下。

而在极兔之前,其他快递企业早已在快递末端领域跑马圈地。

圆通在 2016 年建立了妈妈驿站,随后又在妈妈驿站的基础上,建立了以兼顾寄收快递的实体便利店"妈妈菁选",门店面积 50~60 平方米,产品包含生鲜、零食饮料、日用品等,满足用户的日常生活需求。韵达快递打造了"欢猫社区",同样采用"快递+零售"模式。中通则在 2018 年建立了兔喜驿站。中国邮政则在成都开设了蓉邮生活超市,采用"邮政网点+商超+社区团购+邮乐小店"的模式,打造具有邮政特色的新零售平台。

不止如此，快递企业还落地了各自的快件箱品牌，为驿站的市场覆盖范围填空。

引流成为发展关键

公开数据显示，截至2022年底，放眼全国，菜鸟驿站的数量超过17万个，顺丰的城市驿站、乡村共配店加起来超过17.9万个，中通的兔喜超市和圆通的末端门店均超过8万个，而韵达的末端门店也有近8万个，随着极兔的"邻里驿站"入局，50余万家快递驿站正在分割末端这块蛋糕。

其实，极兔大力布局极兔邻里还有一部分原因是为多多买菜搭台。据悉，多多买菜的提菜点是无法与一些快递驿站共用一家店面的，其亟需有自己的末端资源。而与拼多多绑定的极兔，就成为了能解决多多买菜燃眉之急的"及时雨"。

无独有偶，中通的兔喜驿站也在利用自身的生态圈不断扩容。2023年7月1日，中通云仓科技市场品牌部负责人徐永贵在接受《中国物流与采购》杂志记者采访时表示，中通云仓从去年开始切入预制菜赛道，随着产品的不断升级优化，中通将推出自己的预制菜品牌，而这些预制菜中的一部分将会在兔喜门店进行销售。"一方面我们的预制菜可以最快速度到达末端，保障菜品的新鲜度，另一方面也是为兔喜引入商流，增加末端驿站的收入。"

不难看出，快递企业正在不断摸索末端驿站的商业模式发展道路，希望在解决配送问题的同时，还能带来新的商业增长点。

（资料来源：北京《中国物流与采购》杂志官方账号）

1.2.2 快递末端创业

回顾各大快递公司的创业历史，浙江桐庐"三通一达"的快递创业神话不可重演，从快递公司成立，再到发展上市，需要一步一步的发展和积累。极兔速递成立需要大量资本注入。菜鸟速递也有天猫超市配送网络和菜鸟平台的铺垫。普通创业者该如何在快递行业的发展中寻找创业机会？

近年来，快递行业快件自提比例呈现逐年上升趋势，智能快件箱、终端门店、共享配送、第三方驿站等多元配送形式日益完善，快递服务企业均加强了对建设末端服务能力的投入，延伸服务网络及范围，拓展多元化派送渠道，提升终端派送服务能力。而快递公司加盟模式为普通创业者提供了低成本创业的机会。

快递末端创业形式有终端门店（驿站）加盟、快件箱创业、快递末端增值性服务创业3种。

(1) 终端门店加盟

创业者可以选择各大快递企业终端门店加盟的方式进行创业。终端门店是快递服务的最末端，承担快件揽收、派送和初步分拣任务，终端门店覆盖率直接影响快递服务的开展范围和服务能力。随着快递行业规模的不断扩大，消费者结构与消费理念的不断变化，快递服务企业的末端服务能力对其市场形象、服务质量、行业口碑等均产生重要影响。终端门店因其深入社区、校园等人流密集区域,且与城市电商、快消品等存在较好可延伸性、拓展性,因此科学合理布局终端门店不仅助力快递服务企业解决"最后一公里"的配送难题,而且可为广大消费者提供差异化、全方位的生活服务。中通兔喜、圆通妈妈驿站、申通喵站、韵达快递超市等,这些驿站由各快递公司输出经营模式、操作模式及管理体系,加盟商建设并实际运营。

(2) 快件箱创业

快件箱即智能快件箱,是设立在公共场合,可供寄递企业投递和用户提取快件的自助服务设备。快递服务组织可自行设立智能快件箱,或与第三方运营组织合作采用智能快件箱,提供快递末端投递服务。目前快件箱的品牌有:中邮速递易、丰巢、e栈、乐栈、格格货栈等。中邮速递易是由中邮资本、三泰控股、菜鸟网络、复星资本四家巨头合力打造的 7×24 小时快递自助服务品牌。丰巢智能快件箱是面向所有快递公司、电商物流使用的 24 小时自助开放平台,以提供平台化快递收寄交互业务。e栈为电商、物业、业主提供高质量的免费投取件体验和服务,打造社区微物流交付服务平台。

快件箱创业的主要形式包括场地租借、快件箱加盟、快件箱+其他社区服务 3 大类。

(3) 快递末端增值性服务创业

快递客户是快递企业提供产品和服务的对象。快递客户是快递企业赖以生存和发展的基础,是快递企业的利润之源。快递企业所拥有的快递客户越多,所处的竞争地位就越有利。快递末端是"快递业务经营者直接服务消费者的环节",是离客户最近的环节,快件的投递、揽收业务都在末端完成。

提高快递企业竞争能力可从以下两方面入手:一是不断扩大企业所拥有的快递客户数量;二是不断提升客户对企业的价值。在快递末端,创业者可以通过驿站经营,在社区、学校等区域采取社区团购、城市电商等多种增值性服务,与城市电商或便利服务相结合,打造开放、便民的公共服务中心,增加终端门店收入;增强客户黏性的同时,实现集中化配送快件,降低终端派送成本。

1.2.3 改变对快递业的认知

快递作为邮政业的重要组成部分,具有带动产业领域广、吸纳就业人数多、经济附加值高、技术特征显著等特点。它将信息传递、物品递送、资金流通和文化传播等多种功能融合在一起,关联生产、流通、消费、投资和金融等多个领域,是现代社会不可替代的基础产业。

有些人认为快递业是劳动密集型产业,快递员工作在"脏、乱、差"环境。这是由于以前中国的劳动力成本较低,同时,中国城市的人口密集度高,快递员的投递成本较低。实际上，经过迅速发展，中国的快递行业正在从过去的劳动密集型产业向技术密集型产业转型，向信息化、自动化、智能化方向发展。

随着快递行业的科技化、信息化不断升级，无人机、无人车、自助寄件机等智能新设备和新技术陆续得到广泛应用。国家发改委2022年印发的《"十四五"现代流通体系建设规划》提出，加快发展智慧物流，积极应用现代信息技术和智能装备，提升物流自动化、无人化、智能化水平。

快递数字化和智能化水平不断提升，无人配送市场规模持续扩大，智能末端配送设施布局更加完善。未来，数字经济与商贸物流的结合会更加紧密，"直播电商＋快递物流""即时零售＋即时配送""仓储会员店＋配送一体"等创新模式将持续推进。

【拓展阅读1-6】

<h3 style="text-align:center">你的快递越来越"绿"了，原来背后有这些高科技</h3>

菜鸟CEO万霖表示，未来物流的一个增量赛道在于物流的数字化与智能化，即"数智化物流"。

参会者可以在现场体验到一个包裹的绿色旅程，通过电子面单、装箱算法、智能路径规划、环保袋、循环箱、绿色回收箱等方式，对绿色物流产生更深入的认识。

已经在武汉多所高校应用的"小蛮驴"物流机器人，也出现在了展区里。

目前，"小蛮驴"已经在15家高校运营，服务了30万师生，一台"小蛮驴"每天最多可以配送500个包裹。未来它还将进入更多的高校，为"剁手族"们提供优质的包裹配送服务。

不只是在终端，在快递分拣环节，智能化设备也在不断更新。

现在，只需要戴上全球首个应用于物流场景的智能眼镜，它就会指引分拣员商品在哪个货架。用戴在手指上的扫码枪扫一扫货架上的商品，眼镜就会提醒分拣员应该分装到哪个快递箱。据了解，原来拥有这项技能，分拣员最少需要培训一年的时间，现在只需要一副眼镜，就极大地提高了分拣员的工作效率。此外，这副眼镜还能自动为配送任务创建一个分拣地图，告诉分拣员快递的路径、信息等。该送到哪里，一目了然。

除了分拣，清点和录入包裹也是个"苦差事"，现在只要推着一辆RFID智能小车绕商品走一圈，系统就能自动识别商品的件数，甚至可以识别每个商品的详情。这台小车实际上是一辆商品盘点机。通过非接触射频识别技术（RFID）可以穿墙批量识别商品，准确度达到了99.8%。

原先在包裹打包前有一个质检环节，就是把包裹里分拣好的商品全倒出来，按订单由人工再核对一遍。现在有了智能拣选车，就可以省下质检环节。系统会提前规划路径，如果拣选时放错了箱子或数量不对，拣选车上的红灯会亮起，提醒这个包裹可能有问题。

菜鸟推出了爆款发货机，只要工人将分拣后的商品投放到相应的快递箱，发货机会自动封胶、贴面贴，整个过程全部自动化。将原来的人效每小时 120 件至 250 件提高到了 400 件至 800 件。

（资料来源：极目新闻　有删减）

快递新规落地，你的包裹"按约投递"了吗？

2024 年 3 月 1 日起，修改后的《快递市场管理办法》将施行。其中规定：未经用户同意，擅自使用智能快件箱、快递服务站等方式投递快件，情节严重的，将处以 1 万元以上 3 万元以下的罚款。

新修订的《快递市场管理办法》在加强快递服务行为规制、强化市场制度管理要求等多方面作出明确规定，将快递"最后一公里"选择权交给用户。新规实施一个月来，不少快递企业正积极落实"按约投递"等要求，优化服务。

打开"顺丰快递"微信小程序，单击"收件偏好"，找到"工作日"，选择"派送到丰巢柜或服务点"……清明假期前，在沈阳工作的白领宋莉莉告诉记者，顺丰快递在派单前会让用户选择投递方式，假期出游也不用惦记快递送没送到。

辽宁顺丰金廊片区负责人曹淼介绍，顺丰通过大数据助力，对每个区域的件量进行分析，合理分配员工负责范围。"通过顺丰 APP，用户可以在派送途中设置收件时间、地点、是否敲门等需求，快递员也能及时掌握。"

目前，在圆通为快递员打造的"行者"客户端里，智能派送功能已上线，快递员可通过"路线智能规划""漏派提醒""智能签收"等功能，在更好服务客户的同时，提升工作效率。

"我们公司一直都要求送货上门。"沈阳市浑南区的一名京东快递小哥说，送货一般是专人专片，时间长了，就能摸清片区住户的收货习惯。他也坦言："即便是上门，也会遇到客户不在家的情况；如果不提前沟通，就可能被投诉。"

京东物流方面表示，"揽收、派件不上门，承诺必赔付"的服务目前已覆盖全国 600 多个城市。为响应新规要求，也面向用户的个性化需求推出"按需揽派"服务。用户可根据自己的习惯进行"偏好设置"，根据实际情况灵活选择上门时间等。

那么，快递是否只能上门投递？

中国快递协会法律事务部主任丁红涛表示，快递服务是民事履约行为，不管是上门投递还是投递到快递驿站、智能快件箱，只要快递企业与用户协商一致，都是可以的。

国家邮政局快递大数据平台监测数据显示，3 月份全国日均快件投递量为 4.42 亿，同比增长 17.6%，行业运行整体保持畅通稳定。

（资料来源：新华社客户端）

课后习题

1. 快递的概念。
2. 快递企业的概念。
3. 简述我国快递业发展现状。
4. 简述快递企业运营模式。
5. 简述快递企业的业务流程。
6. 简述快递末端概念。
7. 调查快递公司(如"四通一达"任选一家)加盟商管理制度和考核办法。
8. 调查快递末端使用的现代化、信息化、自动化的技术和设备有哪些？并对其进行简单介绍。

项目 2　快递创业基础

项目概要

创业者的基本素养包括知识（通用知识、管理知识）、能力（领导决策能力、组织协调能力、人际沟通能力、团队建设能力）、品质（遵纪守法、诚实守信、勇于担当、敢于创新），快递创业者的核心素质包括坚定的从业决心、良好的抗压能力、强烈的服务意识、优秀的身体素质、主动的学习态度。

按照资源的呈现形式，可分为人力资源、资金资源、实物资源、技术资源、品牌资源、信息资源。在快递创业的过程中，应重视合理务实的创业团队、足够充裕的创业资金、符合标准的营业场所、深思熟虑的创业项目、稳定友好的快递资源等，并做好各类快递资源的盘点、开拓、调配。

高效的创业团队包括明确一致的创业目标、团结奋斗的创业精神、清晰合理的团队角色、互补信任的团队关系、动态开放的团队构成等特征，创业团队应结合不同的创业项目确定所需要的主要团队角色，并招募适合人员、合理划分职权，不断完善制度、实现动态调整，妥善处理快递创业团队管理中的常见问题。

教学目标

知识目标

- 了解快递创业者需要具备的素养；
- 了解快递创业需要具备的资源；
- 了解高效快递创业团队的特点；
- 熟悉快递创业团队管理中的常见问题。

能力目标

- 将个人作为快递创业者进行评估，清楚自身的优势和不足；
- 能够通过合法、科学的渠道获取快递创业资源；
- 能够组建与拟创业快递项目匹配的创业团队；
- 能够妥善处理快递创业团队管理中的常见矛盾，确保团队的高效运作。

素质目标

- 形成职业无贵贱、劳动无尊卑的正确认识，尊重职业、尊重劳动，树立在平凡的岗位上成就不平凡成绩的信心；
- 形成对快递创业的正确认知，养成坚韧不拔、迎难而上、吃苦耐劳、不轻言放弃的人格品质；

- 养成系统思考、换位思考的习惯，从大局出发去处理矛盾、化解纷争，强化利益共同体意识；
- 认识自身价值，发挥个人在团队当中的积极作用，提升团队合作能力和人际沟通能力。

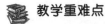 **教学重难点**

☞ **教学重点**

- 与其他创业项目相比，认识到快递创业有哪些特殊要求；
- 准确评估快递创业所需要的资源。

☞ **教学难点**

- 快速获取、科学整合快递创业所需资源。

任务 2.1　评估快递创业者素养

【拓展阅读 2-1】

四代企业家　四个十年

改革开放四十余年来，中国诞生了四代各有特点的企业家：84 派、92 派、99 派、15 派。这四代企业家，并不是按严格意义上的年龄划分的，而是对应着时代的特定标志。

1978—1998：转轨与市场化

这期间，制度的市场化、劳动力的市场化、资本的市场化、土地的市场化是重要特征，诞生了以 84 派和 92 派为代表的两代企业家群体。其中，84 派的代表有鲁冠球、王石等，他们从无到有，兴建了自己的商业帝国。当然，84 派的企业在 20 世纪 80 年代末期也经历了一次大洗牌，因为经过 10 年的发展，卖方市场开始转变为买方市场。"走出去"解决生产相对过剩问题是 20 世纪 80 年代末企业生存和发展的关键问题。

此时的 92 派刚刚下海。92 派很有特点，他们很多人之前都是体制内的公务员。

1999—2008：全球化、城镇化与工业化

劳动力红利、全球化红利、城镇化红利、互联网红利是这 10 年的主要特征。2001 年 12 月 11 日，中国正式加入世界贸易组织，成为其第 143 个成员，经济规模迅速扩大。在这 10 年间，84 企业家的商业帝国初具雏形，开始走全球化、品牌化的道路；92 派企业家迎来了发展的黄金时代；99 派企业家抓住了互联网红利，纷纷拥抱资本，境外上市，其商业模式、产品也都经历了不断的迭代。

2008—2018：金融化

2008 年的金融危机开启了一个全球量化宽松的时代；2011 年，中国成为全球最大的智能手机市场；2015 年，移动互联网时代到来。对于 84 派企业家来说，这是一个全新的时代,企业整体进行了交接班,开始新的征程;99派创造的公司开始出现分化,赢者通吃;15派迅速崛起、迅速分化,以滴滴、今日头条、共享单车为代表。

总体上看,84派从无到有,经过强势扩张纷纷建立了自己的商业帝国;92派从黄金时代步入白银时代;99派仍处于互联网的蓝海之中,有的崛起,有的没落;15派迅速崛起、迭代分化。行业的变化、企业的发展与国家的发展休戚相关,每代创业者身上都深深地打上了时代的烙印,但与此同时,他们的身上也体现出共同的创业者特质,那就是坚持、敏锐、诚信、乐观。

(资料来源:凤凰网)

2.1.1 创业者的基本素养

创业是一项需要具备复合知识、能力、品质的活动,创业者的综合素养在很大程度上决定着创业项目的成败。

(1) 知　识

a. 通用知识

近年来,党和国家通过制度供给和改革引领,充分调动亿万人民群众的创新热情,掀起了新一轮创业创新浪潮,我国社会呈现出创业创新主体多元化、创业联动创新、创业带动就业,创业创新体系生态化、科技型大企业引领、新兴创业群体出现,新商业模式、新管理机制、新投融资方式涌现、经济社会活力迸发等创新型社会的特征。在知识不断创新、累积、应用、分化的过程中,伴随信息技术的发展,知识的呈现方式、传播方式也完全区别于传统模式,个人一方面需要通过各种教育方式获取有关政治、经济、社会、文化等方面的基础知识,也需要利用多种途径掌握和不断提升信息素养、语言素养,以不断提高个人综合素养,提升自身文化储备。这些知识或许与创业没有直接的关系,但创业者对这些领域的了解会拓宽视野,为其提供更多的思维源泉,有助于激发创业灵感,开发出更多新产品、新服务。

b. 管理知识

管理是管理者通过实施计划、组织、领导、协调、控制等职能来协调他人的活动,使别人同自己一起实现既定目标的活动过程。因此,创业者是一个多面手,他即使无需事事亲为,也需要了解有关人力资源管理、财务管理、资产管理、项目管理、战略管理等涉及的方方面面,以能够更好地把握企业发展方向、制定组织发展战略、妥善处理组织发展中的各种矛盾、合理配置人财物等各类资源、实施科学的质量管理体系,带领团队客观分析企业(项目)的优势、劣势,把握机遇,应对挑战。

【拓展阅读2-2】

张朝阳,搜狐公司董事局主席兼首席执行官。1981年在陕西省西安中学考入了清华大学,1986年毕业于清华大学物理系,同年考取李政道奖学金赴美留学,1993年获得麻省理工学院博士学位。

2021年11月5日张朝阳开始直播物理课,每周五、周日12点各更新一次,2022年4月8日张朝阳的物理课第43期,也是第二次线下物理课,他与来自北京各高校的物理学子及物理学爱好者们一起探讨:琴弦的振动是怎样的形式?声音在空气中的传播速度如何计算?太阳的寿命大约还剩50亿年?在讲课中,张朝阳还邀请了科幻作家郝景芳作为特邀嘉宾来到现场互动。

深奥的物理,让不少网友感叹"我看不懂,但我大受震撼"。但凭借张朝阳的影响力,逐渐没落的搜狐得到了更多的关注。张朝阳表示,他们将先进的直播技术应用于大型独具特色的内容营销活动。借助搜狐产品的矩阵优势,这些直播活动不仅为搜狐提供了大量原创优质内容,还形成广泛的社交分发,在扩大搜狐媒体影响力的同时有效获得广告主的青睐及其预算。

通过网络直播、短视频等形式,知识超越时空限制,以更全面的视听感受进行传播,形成了教与学的新场景。四川大学文学与新闻学院教授王炎龙认为,互联网知识传播的呈现形式更加直观灵活,受众以较低的成本开展学习,降低了知识获取门槛。教学双方可以借助平台跨越时空,进行在线交流。教学环境与社交属性融合,评论、转发等功能可以让用户成为新的知识分享者。

(资料来源:扬子晚报网)

(2) 能　力

a. 领导决策能力

创业者常常也是一个团队的领袖,需要具备出色的领导决策能力。对创业者来说,机遇稍纵即逝,因此,需要创业者在不断的市场磨砺中形成敏锐的商业直觉,在风云变幻的商业环境中能够审时度势,做出及时的、正确的判断和决定。需要在生活、学习、工作中有意识地观察环境、分析环境,学会将不同的事物进行链接,形成系统思维;在特定任务点中锻炼自己的决策力,有意识提高自己在团队中的影响力和号召力。

b. 组织协调能力

创业从本质上来说就是各种资源的挖掘、获取、协调、运用。常见的资源主要有人、财、物3类,这就要求创业者科学选人、用人、育人、留人,做到人尽其才;合理聚集、核算、分配、使用资金,提高资金的使用效率;充分考虑投入产出比,合理配置其他资源,做到物尽其用,有效组合创业的各种资源要素,发挥资源的最大价值。

c. 人际沟通能力

在选择、搭建、启动、运营项目的过程中,创业者不仅需要与组织内部的人员进行沟通,而且需要接触组织外部的各类人员,以获取信息、寻找商机、求得支持,因此创业者需要具备良好的人际沟通能力。在现代社会中,人脉也是一种非常重要的资源,良好的人际沟通能力能帮助创业者积累人脉资源;同时,当面对组织内外不同类型的矛盾时,也需要创业者通过沟通进行协调,以化解矛盾、形成共识。

d. 团队建设能力

俗话说,三个臭皮匠顶个诸葛亮,现代社会单打独斗并不容易取得成功,只有进行团队合作,发挥团队的优势,各取所长才能有所建树。因此,创业者必须要具备良好的团队建设能力,多向他人请教,多向同行学习;分析、知晓在不同阶段运营某个具体项目所需要的不同的伙伴,选择创业伙伴,搭建创业团队,合理分配权责,促使团队中的每个成员形成利益共同体,提高团队的凝聚力、战斗力。

(3) 品 质

a. 遵纪守法

遵纪守法是对一切公民、国家机关、武装力量、政党、社会团体、企业、事业单位的普遍要求,是我国宪法和法律所规定每个公民和各种社会团体必须履行的义务,是社会主义精神文明建设的一项重要内容,是建设中国特色社会主义和谐社会的基石。每个从业人员都应该遵守各项纪律和法律,以此约束自己的言行;创业者更应以法律法规相关要求作为自身进行企业经营活动的各项准则,严守法律红线,做到合法经营。

b. 诚实守信

名人名句

1. 没有诚实,何来尊严?——西塞罗
2. 当信用消失的时候,肉体就没有生命。——大仲马
3. 一言既出,驷马难追。——《邓析子·转辞》
4. 信用既是无形的力量,也是无形的财富。——(日)松下幸之助
5. 民无信不立。——孔子
6. 诚信为人之本。——鲁迅
7. 千教万教教人求真,千学万学学做真人。——陶行知

诚实即忠诚老实,忠于事物的本来面貌,不隐瞒自己的真实思想,不掩饰自己的真实感情,不说谎,不作假,不为不可告人的目的而欺瞒别人;守信即讲信用、讲信誉、信守承诺,答应了别人的事一定要去做。诚实守信是每一个现代公民应有的职业品质,更是一个成功的创业者的立足之本。古语有云:对人以诚信,人不欺我;对事以诚信,事无不成。

c. 勇于担当

"知责任者,大丈夫之始也;行责任者,大丈夫之终也"。在创业过程中,难免会遇到这样或那样的问题,如出现了商品(服务)质量问题、出现了严重的安全生产事故等,问题出现之后,首先并不是推卸责任、处理责任人,而是正视问题,尽快摸清情况,采取恰当的措施妥善解决问题,不回避、不推诿。习近平总书记强调:"干部就要有担当,有多大担当才能干多大事业,尽多大责任才会有多大成就。"* 创业者亦然,一位优秀的创业者应有担当、识大局,勇于承担自己应承担的责任,对企业员工负责、对消

---

* 2015年1月12日,习近平同中央党校第一期县委书记研修班学员进行座谈时的讲话指出:干部就要有担当,有多大担当才能干多大事业,尽多大责任才会有多大成就。http://cpc.people.com.cn/xuexi/n/2015/0901/c385474-27536627.html,中国共产党新闻网。

费者负责、对社会负责。

d. 敢于创新

创新是以现有的思维模式提出有别于常规或常人思路的见解,利用现有的知识和物质,在特定的环境中,本着理想化需要或为满足社会需求而改进或创造新的事物,并能获得一定有益效果的行为。约瑟夫·熊彼特在《经济发展理论》中指出:创新就是建立一种新的生产函数,也就是说,把一种从来没有过的生产要素和生产条件的"新组合"引入生产体系,这种新组合包括5种情况,分别为产品创新、技术创新、市场创新、资源配置创新、组织创新。习近平总书记强调,抓创新就是抓发展,谋创新就是谋未来。* 在纷繁复杂的商业环境中,墨守成规、故步自封往往会走向失败,企业要求得生存、获得发展,都离不开创新。

【拓展阅读2-3】

全国快递行业坚持创新开发 让快递速度更快

近年来,全国快递行业不断利用互联网平台、云数据和智慧地图等科技手段,及时准确地把快递产品送往千家万户。2022年端午期间,面对疫情带来的巨大压力,快递行业坚持科技手段的创新开发,以更快的速度把节日物资和群众日常消费品送到每位消费者手中。

2022年端午期间,全国多家无人车生产运营企业积极调配无人车进驻到各地疫情管控小区、方舱医院、高校等封闭场景内,缓解"最后一公里"配送难题。前两天,某物流企业的智能快递车运抵北京房山,迅速投入到小区无接触配送工作中。端午期间,在长三角地区,通过指挥调度系统控制的无人机突击队也在紧急配送中发挥着作用。

(资料来源:央视网)

2.1.2 快递创业者的核心素质

(1) 坚定的从业决心

近年来,快递行业的商业模式和企业运营模式已经发生了翻天覆地的变化:快件自动分拣、各类智能设备实现信息化管理等,但受传统认知的影响,不少人依然认为快递属于劳动密集型产业、从业人员素质低。尽管快递业已经成为人们生活不可缺少的紧密部分,也极大地提高了生活的便利性,但行业的地位始终不高,从业人员经常不受尊重。快递创业需要的不是一时热情,而是要具有在对行业现状和未来发展前景建立客观认知的基础上坚定的从业决心,不因家人、朋友的三言两语,不因客户的冷颜难缠轻易退出,不轻言放弃,并始终坚信随着一代一代快递人的努力,行业的

---

* 2015年3月5日,习近平总书记参加上海代表团审议时指出:抓创新就是抓发展,谋创新就是谋未来。http://cpc.people.com.cn/n1/2018/0303/c64387-29845185.html,中国共产党新闻网。

智能化、信息化、规范化、标准化程度势必会不断提高,发展前景会越来越好,对从业人员的素质要求也会越来越高。

【拓展阅读2-4】

唐建:坚守于平凡岗位作出不平凡之事

他,是成都的一名快递小哥。2021年5月30日,他被交通运输部、中华全国总工会联合"点名",获得"2021年感动交通年度人物"殊荣。现为圆通四川成都锦江四部分公司负责人的唐建,曾先后获得全国邮政行业劳动模范、优秀共产党员、成都最美绿色快递人、成都最美快递员、疫情防控工作突出贡献奖、圆通速递20周年工匠奖、公益使者等荣誉称号。

在六岁时,唐建患上小儿麻痹症,但他身残志坚、敢于挑战自我,深信在任何一个平凡的岗位上都可以闪闪发光。5年前,他从大学老师岗位辞职创业,干起了全职快递,凭借着坚韧不拔的毅力、真诚周到的服务、超越自我的才艺、热心公益的爱心赢得了身边同事、服务对象的认可和赞誉。

作为一名有着13年党龄的中共党员,他乐观面对生活,抱着自信、豁达的心态去学习、生活、工作,用积极向上的心态感染身边人。自2015年加入圆通以来,保持发扬共产党人敢于抗争、积极进取、自强不息的优良传统,克服身体不便带来的影响,从一名快递员做起,踏实肯干、奋斗不息,最终凭着出众的专业能力被提拔为站点负责人。

经历5年多快递从业生涯,唐建立志要做一名有温度的快递员。他以真诚周到、优质高效、便捷快速的温馨服务,满足附近360余家商家和8 000余人的寄递需求。

他乐于助人,热爱公益活动。他为去他店里寄件的残疾人提供免费寄件,并坚持给山区孩子捐赠书本和学习用品数万元,为四川商务职业学院大三毕业生免费赠送了500瓶怡宝水。疫情期间,到他的网点寄送口罩等防疫物资的包裹,他坚持免费寄递,为他快递网点所在社区的残疾人士捐赠上千只口罩和消毒液等生活必须品,并提供就业岗位。

他热爱创作,发挥个人文艺爱好,融合快递行业实际,创作《绿色快递》《我要干快递》《名片》等50首涉及快递的原创歌曲,歌曲在快递行业流传,他也因此被称作"快递界的周杰伦",通过积极创作为行业文明建设贡献力量。

(资料来源:《潇湘晨报》)

(2) 良好的抗压能力

抗压能力,又称心理承受能力,是个体承受、调节对逆境引起的心理压力和负面情绪的承受能力,包括对逆境的适应力、容忍力、耐力、战胜力等。快递创业者会受到来自内部和外部的诸多压力,如客户高傲的眼神、不耐烦的语气、恶劣的态度、恶意的投诉、员工生病无人送货、员工送货途中发生交通事故、快递车连同快件一起被盗、发生矛盾打架斗殴、绩效考核成绩不良、受到大额罚款仲裁无效、朋友同学冷嘲热讽、家人不理解不支持等,这些情境都可能会引起创业者的负面情绪,如果问题无法得到及时解决,压力无法得到排解,可能诱发新的项目运营问题,那么创业者就容易退出。因此,若想从事快递相关创业项目的创业者,应提前深入了解行业,做好评估和心理建设,锻炼良好的抗压素质。

【拓展阅读 2-5】

报告:疫情期间我国快递市场表现出良好服务和承压能力

日前,国家邮政局发布《2020年2月中国快递发展指数报告》,中国快递服务质量指数比上年同期实现大幅增长,增幅达到80.1%。报告指出,2月份京东物流等企业在疫情期间一直保持正常运营,在特殊情况下实现了整体服务不断网、时效有保证,快递从业人员不惧危险,为百姓美好生活提供有力守护,赢得了消费者的普遍支持与尊重。

报告显示,我国快递市场在疫情期间依然表现出良好的服务水平与承压能力,快递服务质量指数较高的主要原因有三个:一是快递从业人员不惧危险,为百姓美好生活提供有力守护,赢得了消费者的普遍支持与尊重;二是京东物流、邮政、顺丰等企业疫情期间一直保持正常运营,在特殊情况下实现了整体服务不断网、时效有保证,2月10日起,其他快递企业也陆续复工,满足寄递需求;三是无人配送在业内大力推广,综合运用定点投递、预约投送、代收驿站、智能快件箱、无人车、无人机、社区配送Mini站等新型收投方式,最大限度减少人员接触,提升末端配送效率,保障用户与从业人员人身安全,赢得了广大用户的认可。

报告还指出,快递业在本次疫情阻击战中,对救灾运输、支撑电商和居民基本生活必需品的保障作用得以充分彰显。

(资料来源:《工人日报》)

(3)强烈的服务意识

消费者满意度受服务提供质量、服务感知质量、心理预期质量因素的影响,当服务感知质量符合或超出心理预期质量时,消费者会感觉满意;当服务感知质量低于心理预期质量时,消费者会感觉不满意。快递行业属于服务业,且部分创业点相较而言准入门槛较低、专业性要求不高、容易上手。伴随快递行业内部竞争日益激烈,管理者和运营者必须建立科学的质量观念、强烈的服务意识,从用户的角度不断完善自身的服务,如要热情、周到、主动,提高快件送达速度,减少快件损耗,才能建立与顾客的紧密联系。

【拓展阅读 2-6】

浙江首个冷链中心！天猫超市浙江"雪糕镖局"正式启用

2022 年 7 月 11 日，天猫超市浙江"雪糕镖局"正式启用，这也是天猫超市在浙江的首个冷链中心。由此组建杭州、上海的华东双冷链中心，护卫雪糕在高温天气下华东地区配送不化冻、送货上门次日达。

在天猫超市"雪糕镖局"内，设立了零下 18 ℃的冷冻区以及 0~5 ℃的冷藏区。天猫超市售卖的 100 多种雪糕，全部储藏在零下 18 ℃的冷冻区内，消费者下单后，拣选工人将会在仓库内完成雪糕拣选、打包和发货。

尽管室外温度已接近 40 ℃，但是仓库内的工人全副武装穿着棉服作业。一名拣选工人在手持终端的指引下，从货架上挑选出梦龙、蒙牛等品牌的 6 块雪糕，装箱，放入干冰，推出冷冻库，交给快递员。五分钟内就完成了天猫超市浙江冷链中心的首单出库。

通过 IoT 设备、智能算法等技术，整个库区实现了智能化管理，确保雪糕保存和冷链配送不化冻。"在仓库内，系统能实时监控雪糕储存温度。在仓库外，系统根据雪糕的数量、重量以及配送的里程，推荐装箱方案，配送全程维持在 0 ℃以下。"据天猫超市相关负责人介绍，一箱送往杭州的雪糕，系统会自动推荐 5 袋干冰。即便消费者不方便当面签收，包裹暂时放在家门口等处，雪糕仍能维持约 7 小时不化冻。

电商平台对冷链物流的布局，也在加速雪糕销售在电商平台的占比，让雪糕价格更透明。今年夏天，天猫超市发起"反雪糕刺客"行动，全场雪糕打五折，满 199 减 100，推出 3 元以下平价雪糕，让"雪糕自由"回归。

(资料来源：《杭州日报》)

(4) 优秀的身体素质

常见的快递创业包括快递末端创业、快递网点创业、快递＋创业，不论是哪种具体形式，大多全年无休，且每日的运营时间在 8 小时以上，由于行业的特殊性，大部分工作属于体力劳动，一些岗位需要连续站立几小时，一些岗位需要工作至凌晨，一些岗位需要持续在户外劳动……当遇到"双十一""双十二"等电商活动人员紧缺的情况，员工临时请病假、事假、突发状况无法协调人员的时候，老板都需要自己顶上。因此，快递创业者需有良好的作息习惯、饮食习惯、运动习惯，以保持良好的身体素质。

(5) 主动的学习态度

曾经，快递从业人员只需要认识路，就能够送快递；有力气，就能够上货、卸货；认识字，能够进行区域分拣就能够找到一份待遇还不错的工作。现在，除极少数岗位外，大多数岗位都需要操作电脑、智能手机、手持终端设备；几乎每年，行业都会出现一些可能提高路由时效和分拣时效的工具、设备、系统；各地分拨中心上万个摄像头全天 24 小时运作,确保场地监控无死角,所有的信息实时同步至大数据管理中心,并及时反馈至相关责任点和责任人;云仓的出现,为商家提供了整套的电商物流仓储解决方案,在一定程度上改变了快递行业的客户挖掘模式。作为一名快递创业者,必须拥有主动的学习态度,了解最新的行业动态,提前做出相应准备并实时反馈,才能把握商机、逆流而上。

【创业小贴士 2-1】

快递员职业守则

(1) 遵纪守法,诚实守信。

(2) 爱岗敬业,勤奋务实。

(3) 团结协作,准确快速。

(4) 保守秘密,确保安全。

(5) 尊重客户,文明礼貌。

(6) 衣着整洁,举止得体。

(7) 热情服务,奉献社会。

(资料来源:中华人民共和国人力资源和社会保障部、中华人民共和国国家邮政局,《快递员国家职业技能标准》(2019 年版),2.1.2 职业守则)

【创业实践训练 2-1】

将你作为快递创业者来评价

SWOT 分析法是基于内外部竞争环境和竞争条件下的态势分析,即将与研究对象密切相关的各种主要内部优势、弱势和外部的机会和威胁等通过调查列举出来,并依照矩阵形式排列,然后用系统分析的思想把各种因素相互匹配起来加以分析,从中得出一系列相应的结论,用于支撑决策。S 代表内部优势(strength),W 代表内部弱势(weakness),O 代表外部机会(opportunity),T 代表外部威胁(threat)。

外部	内部	
	优势 (strength)	弱势 (weakness)
机会 (opportunity)	SO	WO
威胁 (threat)	ST	WT

任务:亲爱的同学们,请结合本节内容,利用 SWOT 分析法对快递创业的优势和弱势进行客观、深入评价,并结合你对快递行业的了解以及拟选择的快递创业项目,认真分析、归纳来自外部的创业机会和威胁,完成快递创业素质 SWOT 分析表。

任务 2.2　整合快递创业资源

与快递相关的创业项目有大有小,需投入资源的类型和数量存在不同程度的差异,不论是哪种类型的快递创业项目,都需要整合资源,力争发挥资源的最大价值。

2.2.1　创业资源

创业资源是指创立、运营新企业的过程中需要的特定资源。创业资源构成图如图2-1所示,按照资源的呈现形式,可分为人力资源、资金资源、实物资源、技术资源、品牌资源、信息资源。

图 2-1　创业资源构成图

(1) 人力资源

对于企业而言,人力资源是一定时期内组织中的人拥有的能够被企业所用且对价值创造起到一定促进作用的教育、能力、技能、经验、体力等资源的总称,是企业最重要、最核心的资源,具有能动性、社会性、再生性、生物性、动态性、智力性。作为一种特殊的创业资源,其价值体现在它是其他各类资源的操作者,决定着资源效用的发挥程度,是决定企业兴衰成败的关键因素。在现代社会,企业与企业之间的竞争很大程度上是人力资源的竞争,尤其是高素质、高技能、复合型人才的竞争。因此,现代企业要重视人力资源的开发、管理、提升,发挥出人力资源最大的价值。

(2) 资金资源

资金资源多以货币形式体现,一般包括现金、存款、债权等。几乎所有的创业项目都需要不同额度的启动资金,不少好创意、好项目因为缺乏启动资金无法落地,一些前期投资较大、回报周期较长的项目则往往因为现金流断裂或无法获得持续的投入而走向失败。因此,足够的资金是项目启动、企业创立、正常经营的重要条件,在项目正式启动后,在不影响项目长远发展的前提下,应尽快争取资金流入,同时确保企业有必要的流动资金,以应对运营中的各项突发情况。

(3) 实物资源

实物资源主要是以实物形态存在，能够用于创业所需的资源，如建筑物、生产设施、办公设备等，土地、山林、湖泊等自然资源也可归属于实物资源。多数实物资源可利用资金购买，必需的实物资源是创业项目启动的重要物质条件，因此，创业者在项目筹划阶段，尤其是计算启动资金时，应将项目启动所需购买的各类实物资源预估价格一并考虑进去。

(4) 技术资源

对于一个组织来说，技术资源包括两个方面：与解决实际问题有关的软件方面的知识，如软件版权、加工方法、生产经验等；为解决这些实际问题而使用的设备、工具等硬件方面的知识，如与生产工具直接相关的发明专利等。现代社会科技发展日新月异，如果不能把握科技发展的脉搏，势必会被创新更迭的浪潮吞没。因此，一个掌握了某领域核心技术资源的项目往往更容易获取投资者的青睐，也更容易在市场中保持核心竞争力。当然，技术资源的利用、转化、升级也是在企业运营中必须关注的核心问题。

(5) 品牌资源

根据营销学家菲利普·科特勒(P. Kotler, 1994)的观点，品牌是一个名字、称谓、符号或设计，或是上述各项的总和，其目的是要使自己的产品或服务有别于其他竞争者，包括属性(Attributes)、利益(Benefits)、价值(Values)、文化(Culture)、个性(Personality)以及用户(User)。品牌资源是所有可以用来建立、巩固、提升品牌权益与品牌形象的资源，涉及品牌与消费者的接触、消费者的品牌体验，进而可以影响与改变消费者的品牌认知与品牌态度。品牌资源是一种无形资源，却能够帮助企业在竞争中形成自身独特的辨识度，具有不可小觑的价值。因此，创业者应重视品牌资源的价值，如创业项目为加盟、代理类项目，应综合考虑拟加盟品牌的综合价值，谨慎选择。

(6) 信息资源

信息资源是人类社会信息活动中积累起来的、以信息为核心的各类信息要素的集合。信息资源能够被重复使用，其价值在使用中才能得到体现，相同的信息在不同的用户中可能产生不一样的价值；信息资源具有整合性，人们对其的检索和利用不受时间、空间、语言、地域和行业的制约，它属于社会财富的范畴，任何人无权全部或永久买下信息的使用权；它是商品，具有流动性，可以被销售、贸易和交换；信息多数是不对称的，创业者应具有高度的信息敏感性和良好的信息收集、获取能力，并从中敏锐地捕捉机会，善于利用各种利好政策资源，把握先机，推动企业发展。

【拓展阅读2-7】

信息差包括时间信息差、渠道信息差两方面，有效挖掘并充分利用信息差，能够产生意想不到的商机，房产中介、婚姻中介、猎头公司、咨询公司等均是合理利用信息差的代表。

近年来,伴随经济全球化的发展,小件跨境物流的需求不断增加。格布小包是深圳市格布领客信息科技有限公司运营的关于中美跨境直邮的微信小程序,提供中国到美国的单向跨境直邮服务,为海外华人提供实惠便利的直邮渠道。以"小快实惠"为服务卖点,以中转仓为中心,连接用户-货物,实现空运小包直邮到门,直击跨境拼团时效长、个人空运价格高、需定点领取包裹不方便等个人跨境运输的痛点问题,采用即来即走、不拼不团的运输模式,开拓新的海外跨境运输方式,帮助海外用户实现足不出户即可收取包裹的用户需求。

(资料来源:格布领客官方网站)

2.2.2 快递创业资源

快递创业是聚焦于快递行业、围绕快递业务展开的创业项目,除人力资源、资金资源、实物资源外,同样需要关注品牌资源以及信息资源,对技术资源的要求较少。

(1) 合理务实的创业团队

快递创业者需要具备坚定的从业决心、良好的抗压能力、强烈的服务意识、优秀的身体素质、主动的学习态度,团队成员均需要对创业的目的、选择快递行业的原因达成共识,提前形成对投资回报周期和市场风险的理性预期,对创业过程中可能遇到的困难、挑战有客观的认识,务求脚踏实地、勤勤恳恳,切忌好高骛远、急于求成。

(2) 足够充裕的创业资金

快递末端创业、快递+创业、快递网点创业所需要的投资呈现逐级递增的态势,从1、2万到几百万不等。不论是快递末端创业,还是依托快递业务吸引人流量的其他创业项目,抑或是快递网点创业,都需要一定的创业资金。资金不是越多越好,但也应以能够启动项目并维持项目盈利前的现金流为下限,因此,创业者应能合理预估项目所需的启动资金。按用途可分为前期投资和流动资金两大类,前期投资是指为启动项目需要购置或租用各类实物资源、信息资源、品牌资源等所需耗费的资金,通常包括装修费用、办公设备购置费、品牌加盟费等;流动资金是项目在经营的过程中需要产生的各类费用,如购买并储存原材料和商品的费用、房屋租金、工资等。

(3) 符合标准要求的营业场所

快递营业场所是快递服务组织用于提供快件收寄、投递及其他相关末端服务的场所,从与快递服务组织的关系上看,主要包括自有营业场所、合作营业场所两大类。快递末端创业项目多属于合作营业场所,快递网点创业项目则属于自有营业场所。从2015年5月1日开始,我国快递行业开始执行由国家邮政局发布的《快递营业场所设计基本要求》(YZ/T 0137—2015),因此,快递创业相关项目的营业场所应符合该标准的相关要求。在通常情况下,快递末端创业所需要的营业场所面积最小;快递+创业因还有其他经营项目,所需要的营业场所面积比操作同样单量的快递末端创业项目大;快递网点创业所需要的营业场所面积在三类快递创业项目中最大。

【创业小贴士 2-2】

快递营业场所设计基本要求

快递自有营业场所应满足如下要求：

——具有固定的独立空间；

——基本型营业场所应包括业务接待区和暂存区，两者应物理分隔；

——拓展型营业场所在基本型营业场所的基础上，增加独立的操作、停车及装卸、充电等功能区；

——基本型营业场所面积不应小于 15 m^2，拓展型营业场所面积不应小于 30 m^2，且营业场所的面积应与快递业务量大小相适应；

——同一服务品牌的快递服务组织，其快递营业场所的设计应保持风格统一；

——符合国家对于营业场所其他方面的要求。

快递营业场所的安全要求：

——消防安全：快递营业场所应按照建筑防火设计规范 GB 50016—2022 的要求，设置醒目的防火标志，消防通道、安全出口符合紧急疏散要求，标志明显并保持畅通；配备与场所面积相适应的消防设施、设备及器材，消防器材的配置应符合建筑灭火器配置设计规范 GB 50140—2005 的规定；严禁使用明火以及与快递服务无关的电器等设备。

——用电安全：快递营业场所充电区的电压应能满足三相用电设备的正常使用。其他用电应符合住宅装饰装修工程施工规范 GB 50327—2022 的规定。

——安全监控：快递营业场所应配置与场所面积相适应、符合国家相关要求的监控设施设备，监控设备的安装应达到无死角、无盲区的要求。监控设备应全天候24小时运转，监控资料保存时间不得少于 30 天，并按照邮政管理部门的要求进行报送。

——其他要求：快递营业场所应符合国家关于营业场所安全与环保方面的其他规定。

(资料来源：《快递营业场所设计基本要求》(YZ/T0137—2015) 第 6.1 条、第 9 条)

(4) 深思熟虑的创业项目

选择创业项目的第一步是选择创业类型。常见的快递创业项目分末端、网点、叠加三大类，各类项目对人力、资金、场所等的要求都不一样，因此，在选择创业项目类型时，应综合考虑可以获取及整合的创业资源。在确定创业类型后，即可利用了解的与行业、企业相关的具体信息确定合适的创业项目。

以末端创业为例，目前市场上存在众多的专注快递末端的品牌，有些具有快递背景，如圆通快递的妈妈驿站、中通快递的兔喜超市；有些则是没有快递背景的第三方品牌，如菜鸟网络的菜鸟驿站、拼多多的多多驿站。但无论是哪种末端品牌，本质都是一套解决快递末端收寄、派送的信息化解决方案，包括仓库管理系统（Warehouse

Management System)、订单管理系统(Order Management System)、客诉管理系统(Customer Relationship Management System)、财务管理系统(Financial Management System)。因此,在选择品牌时,应考虑品牌渠道方是否和当地的快递资源存在商务关系,将快递资源的可获得性放在选择品牌的第一位,其次才考虑各品牌产品本身的实用性、品牌加盟政策及其他相关要素。

(5) 稳定友好的快递资源

不论创业者拟从事何种类型的快递创业项目,稳定、友好的快递资源均是其项目得以生存和运营的核心资源,快递资源代表着固定的收入来源以及相对稳定的客户来源。以快递+社区团购项目为例,目前市场上主流的社区团购品牌有淘菜菜、美团优选、多多买菜、橙心优选等,这些品牌方都需要选择与距离小区比较近的线下门店作为合作的货物寄存、领取的地点。用户则可以在众多的可取货线下门店,如超市、干洗店、快递门店等选择自己方便的地点提取线上购买的货物,快递门店作为消费者经常会去的场所之一,势必会成为消费者的主要选择。在这种情况下,快递、团购这两种表面看起来并不直接相关的业务,会逐渐演变成互相促进的关系,门店的人流量会不断增加,并形成相当的忠诚度;反之,当该门店失去了快递资源,客户不再需要在该店取包裹时,也就不会再选择在该店提取线上团购的货物。

【创业实践训练 2-2】

2022年6月,**市**区快递网点结成区域性快递联盟,要求该区域内的所有快递末端门店与联盟签订合约,承诺服从联盟的统一管理,并缴纳押金,否则联盟内的快递公司将中断与该区域内快递末端门店的合作。该区域内主要的第三方末端品牌为****,品牌方认为如果该区域内的所有门店均与快递联盟签订合作,对自身的管理地位、管理规范、服务质量、品牌形象将带来极大的挑战和威胁,在得知消息后,第三方末端品牌方第一时间组织该区域内的门店集中拒收 A 公司的所有快递,试图通过增大 A 公司派件难度给公司施压,进而从内部瓦解该联盟。

任务:请问如果你是该区域内的快递末端门店,你会怎么做?

2.2.3 获取快递创业资源

(1) 常规创业资源的获取途径——学校和政府

创新是开拓,是原创;创业是通过实际行动获取正当利益的行为。创新是创业的基础和前提,创业是创新的体现和延伸。由于大学生缺乏社会经验,较难获取第一手创业信息和资料,如果有创新创业意愿,应充分利用学校和政府提供的创业帮扶政策,积极参加创新创业专项计划,积累创新创业经验,提高创新创业能力。

a. 学校的创新创业教育

① 创新创业课程

根据教育部的相关要求,目前几乎所有高校都已经将创新创业融入了专业人才培养方案,各专业不仅以公共基础课的方式开设创新创业课程,也结合专业的人才培养目标和就业开设了专创融合课程,这些课程大多以培养学生创新创业意识,提高学生创新创业能力,鼓励学生创新创业实践为主要目的,结合不同的教学内容采用沙龙、讲座、研讨、参观、实践训练等多种形式。

ⓑ 创新创业活动

创新创业活动是创新创业课程的延伸和重要组成部分。创新创业社团凝聚了一批有一定创新创业意识和意愿的学生,通过各类专门活动,帮助学生继续积累经验、强化认识、尝试实践;各级各类创新创业大赛则是检验学生学习效果、提升综合能力的重要方式,如由教育部等部门联合主办的中国"互联网＋"大学生创新创业大赛、由共青团中央等部门联合举办的"挑战杯"中国大学生创业计划竞赛,以及由各地政府主办、旨在促进当地经济活力的创新创业大赛等;除此之外,积极申报大学生创新创业训练计划,申请入驻大学生创业孵化园也是学生获取深度全面创新创业支持的重要途径。通过这些活动,学生可以找到志同道合的朋友,寻找创业伙伴,有机会获得学校、政府、投资机构和投资人更多的关注,积累创业资源。

【拓展阅读2-8】

第七届全国"互联网＋"快递业创新创业大赛开赛

为推动快递业创新创业高质量发展,国家邮政局决定举办第七届全国"互联网＋"快递业创新创业大赛。大赛以"递传梦想,创赢未来"为主题,旨在激发行业从业人员和相关专业大学生创新和创造力,激励广大人才深耕快递业发展,推动大赛成果的推介和转化应用,为快递业高质量发展和现代化邮政强国建设提供支撑。

参赛项目要求坚持创新驱动,强化自主创新;发挥互联网在促进快递产业转型升级中的作用;助力快递＋乡村振兴,实现更高质量和更加充分就业,服务农村地区经济社会发展;践行绿色发展理念,推进快递包装减量化、标准化和循环化。比赛项目分3种类型:创新产品设计,包括快递业的硬件设备设计、软件系统设计、相关产品的功能优化或创新设计、实用新型设计和外观新型设计等;工作流程优化,侧重以快递业内部运营流程和客户服务流程等为对象进行科学合理且可行的优化设计;创业计划实施,项目强调既具有规范性、科学性,也具有创新性、可行性和可操作性。

参赛团队需围绕"互联网＋快递"产业升级、"互联网＋快递"服务提升、"互联网＋快递"乡村振兴、"互联网＋快递"绿色发展、"互联网＋快递"平台建设等内容申报参赛项目。

(资料来源:国家邮政局职业技能鉴定指导中心)

ⓒ 创新创业指导

为更好地指导大学生的创新创业活动,高校通过搭建信息咨询服务平台、发布大学生创业服务指南、提供专业咨询服务指导、建立大学生创业孵化园等方式,为学生提供创业讲座、行业沙龙、政策咨询、业务指导等方式,为有意愿从事创新创业活动的学生答疑解惑,提供项目论证、业务咨询和决策参考等服务,并发掘有潜力的创业项目进行持续跟踪辅导。指导团队成员不仅包括具有丰富创新创业教育经验的在校教师,还包括来自企业、创业产业园(孵化园)、科研单位和政府职能部门的专业人士。

  b. 政府的创新创业扶持
  ⓐ 创业服务进校园
  《国务院办公厅关于进一步支持大学生创新创业的指导意见》(国办发〔2021〕35号)指出:加强大学生创新创业培训,打造一批高校创新创业培训活动品牌,创新培训模式,面向大学生开展高质量、有针对性的创新创业培训,提升大学生创新创业能力。组织双创导师深入校园举办创业大讲堂,进行创业政策解读、经验分享、实践指导等。各省市人力资源与社会保障部门结合当地实际情况,针对高校学生设计、开展不同的品牌服务项目,为在校大学生提供政策宣讲、项目指导等服务。

【拓展阅读 2-9】

湖南长沙:创业服务进校园 助力毕业生就业创业

  为促进毕业生高质量就业创业,满足毕业生多层次、全方位、精准化创业服务需求,2022年6月21日,由湖南省长沙市人社局和长沙农商银行主办的创业服务进校园活动走进长沙学院。此次活动以"创业服务进校园、五创联动促发展"为主题,是长沙市人社局落实湖南省人社厅开展高校毕业生就业服务"五进五促"工作的重要活动之一。200多名大学生现场参与,超过18万人次线上观看了直播。活动现场,长沙市创业指导中心主任胡登峰全面解读了人社部门支持大学生创业创新的一系列政策,包括创业培训、创业扶持和创业孵化等。长沙农商银行副行长罗建明现场发布了200个实习岗位。设置在活动分会场的信息展示区,展示了人才政策、惠企政策、全市各级公共就业服务机构和银行创业贷款信息等内容。

(资料来源:人民网)

  ⓑ 专项创业培训项目
  目前,我国政府部门提供的主要创业培训项目有 SYB、IYB(如表 2-1 所列)。同时,各地人力资源与社会保障部门结合当地实际情况有针对性地设计了一些具有地方特色的专项培训。

  ⓒ 创业扶持政策
  为解决大学生融资难、经验少等问题,提升大学生创新创业能力、增强创新活力,进一步支持大学生创新创业,提高人力资源素质,促进大学生全面发展,实现大学生更加充分、更高质量就业,在《国务院办公厅关于进一步支持大学生创新创业的指导意见》(国办发〔2021〕35号)指导下,各省市制定了一系列符合当地实情的大学生创新扶持政策。

表 2-1 主要的创业培训

培训项目名称	培训内容	培训目的
SYB(Start Your Business)	第一步:什么是企业,是否适合创办企业; 第二步:想创办什么企业; 第三步:确定市场营销计划并预测销售量; 第四步:怎样组织和管理企业的人员; 第五步:选择一种法律形态; 第六步:相关的法律责任; 第七步:预测启动资金需求; 第八步:制定企业的利润计划; 第九步:制定企业计划; 第十步:开办企业。	让有创业意愿的人自己来演练实施开办企业的各个步骤,完成自己的创业计划书,并提供后续支持服务,帮助他们创建自己的企业和实现有效经营
IYB(Improve Your Business)	1.市场营销:如何了解你的市场、顾客?如何让顾客满意?如何有效吸引顾客持续购买产品和服务?如何在竞争中进行差异化营销提升企业竞争力? 2.采购:如何建立有效的存货管理系统?如何利用存货管理来改善企业的销售?存货管理中的核心问题有哪些? 3.成本核算:企业成本包含哪些项目?如何有效计算企业成本?如何有效管控企业成本并提高利润率? 4.记账:如何建立完善的财务体系?如何根据财务情况分析企业的成本构成、销售占比和净利润? 5.企业计划:如何根据企业发展情况制定合理有效的企业发展经营计划?如何有效保障计划能够顺利实施和实现?	帮助企业主系统地建立企业基本管理体系,进而提升企业主经营管理企业的能力和水平,改善企业并提高企业的盈利与竞争力,使企业更具活力,并能创造更多的工作岗位

【创业小贴士 2-3】

四川省大学生创业扶持政策(部分)

1. 创业补贴。针对大学生创业实体和创业项目,经确认,给予每个创业实体或创业项目 1 万元补贴。领创多个创业项目的,累计补贴最高不超过 10 万元。鼓励大学生领办创办家庭农场,并对其购置农机具累加补贴至 40%。

2. 科技创新苗子项目支持。对"省科技创新苗子工程"培育项目给予 1 万元至 5 万元资金支持,对通过评审的重点项目给予 10 万元资金支持。

3. 创业担保贷款贴息。高校毕业生创业可申请贷款额度最高不超过 20 万元、贷款期限最长不超过 3 年的创业担保贷款。对 2021 年 1 月 1 日起新发放的个人创业担保贷款,贷款市场报价利率 LPR-150BP 以下的利息,由借款人承担,剩余部分由财政部门给予贴息。对还款积极、拉动就业能力强、创业项目好的借款人,可继续给予创业担保贷款贴息,累计次数不得超过 3 次。

4. 青年创业贷款。创业大学生可向创业所在地市(州)团委申请 3 万元~10 万元免利息、免担保,为期36个月的创业启动资金贷款,并配备1名志愿者导师"一对一"帮扶。在蓉在校大学生创业,可直接向省创新创业服务中心申请。

5. 税费减免。自2019年1月1日至2025年12月31日,持《就业创业证》(注明"自主创业税收政策"或"毕业年度内自主创业税收政策")的大学生,从事个体经营的,自办理个体工商户登记当月起,在3年(36个月)内按每户每年14 400元为限额依次扣减其当年实际应缴纳的增值税、城市维护建设税、教育费附加、地方教育附加和个人所得税。

(资料来源:《四川省大学生就业创业扶持政策清单(2021年版)》)

(2) 快递创业资源的获取途径

获取快递创业资源的主要途径如图2-2所示,主要包括网络、关键人物、团队。

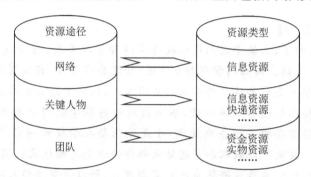

图2-2 获取快递创业资源的主要途径

a. 网 络

目前,各大行业的招商大多通过网络渠道发布信息,因此,网络是快递创业者获取创业项目的主要信息来源。首先,通过58同城、知乎、贴吧相关业务交流群等,可以及时查询、了解到有关快递网点、快递末端驿站、超市、生鲜配送点等的转让信息。其次,通过企事业单位的官网或相关招标网站(如中国政府采购网),能够获取企事业单位关于快递业务的招标公告,其中通过快递公司的网站可了解该公司网点布局、调整、招商的具体信息。

当然,创业者在通过网络获取信息资源的过程中,要能够甄别、筛选真实、有效的信息,防止上当受骗,当无法判定某企业(品牌)的真实有效性时,可通过国家企业信用信息公示系统(https://www.gsxt.gov.cn/index.html)查询该企业的经营情况和信用信息。同时,由于成熟品牌在推广和招商方面基本上不存在压力,如果发现部分品牌的招商价格明显低于市场行情,创业者应谨慎对待,最好咨询业内人士,全面了解,切忌贪图便宜,避免盲目支付加盟费用。

b. 关键人物

当创业者基本确定创业方向和创业项目后,可再通过关键人物获取有关该项目的详细信息和其他资源。如拟创业项目为加盟快递公司网点,创业者首先应联系当地负责招商的网管经理,全面了解招商区域的前期业务情况、承接业务主体的资质、加盟费用、时间等相关要求,从而进一步评估项目的可行性;如拟创业项目为加盟快递末端品牌,在品牌官网获取了城市经理的联系方式后,应与该负责人通过电话、微信等方式进行具体沟通,了解加盟流程、场地标准、装修要求、预计投资金额、项目收入来源等内容,并在项目筹备的过程中与其保持紧密联系,就细节及时征求意见;如拟创业项目为与快递相关的其他综合项目,当地区域的快递网点老板、承包商、快递员则为促成项目能够落地的关键人物,创业者应主动与他们取得联系,并保持良好稳定的关系,使其愿意授权特定范围内的包裹揽收、派送等业务。

对于不同类型的项目,关键人物有所区别,创业者应结合项目的实际情况,广泛搜集信息,寻找到对应的关键人物,全面了解与项目有关的详细信息,为项目评估、项目筹备做好准备。

【创业实践训练2-3】

小李今年大四了,就读于某高校邮政快递运营管理专业,在校期间成绩优异,积极参加各类实习实训。周围同学有些在快递、物流公司实习,有些则没有从事和专业有关的工作,小李一直想要从事与专业相关的工作,但又不想去公司过按部就班的生活。他发现,学校取快递非常不方便,不同快递公司在学校门口都开设了不同的门店,有时候取快递需要横穿整条商业街,于是他想要在学校开一家综合快递服务中心,让同学们在一处就可以收取和寄送绝大部分快递公司的包裹。同时,由于初步尝试创业缺乏经验,他需要尽量降低自己的前期投入,所以希望能够入驻校园内部的大学生创业街,得到学校的场地租金支持。

任务:小李拟创业项目的关键人物都有谁?应如何与他们取得联系?

c. 团 队

创业核心团队本身就是属于创业资源的一种,同时也是获取资金资源、实物资源、业务资源的重要来源。

首先,快递创业资金可由核心团队进行筹集,当确定创业项目、评估启动资金后,创业团队应及时筹集所需资金。一方面,团队成员应归集可用于创业的自有资金;另一方面,团队成员也可以通过寻求父母、亲戚的借款或资助获得资金;与此同时,还可申请额度最高不超过20万元、期限最长不超过3年的创业担保贷款。当然,在筹集创业资金的过程中,首先团队成员应约定好各自的出资额、权益占比等内容。其次,创业所需实物资源也可以通过团队成员获取,如成员已经拥有的,可以考虑以一定的资金成本获得该物品的使用权;如成员有优势渠道可以获取的,也可以借助其渠道尽量降低成本、提高质量。最后,在快递创业的过程中,所需要的资源众多,应充分挖掘团队成员所拥有的与工商行政管理部门、邮政管理局、品牌渠道商、快递经营者、潜在客户、供货商等相关的各类资源。

2.2.4 整合快递创业资源

整合快递创业资源是指在快递创业的过程中,对资源进行有意识识别、获取、配置、利用,旨在提高资源利用效率、增强项目整体竞争力的过程。

(1) 盘点快递资源

整合快递创业资源的第一步是要对现有的资源进行盘点,摸清自身目前拥有的资源状况,即现有资源存量,包括资源的类型、资源的数量,对启动和运营项目的价值有多大,还缺什么资源;与竞争者相比,优势资源和劣势资源分别是什么。

【创业实践训练2-4】

经过多方对比,小李基本确定了拟加盟的快递末端品牌,了解了加盟条件;同时,也与学校相关部门负责人取得了联系,基本能够以五折的价格租用校园内不临商业街的铺面。现在小李打算盘点一下自己所拥有的创业资源,以提前做好相应的准备。

任务:除背景中已经交代的内容外,假设小李的家庭背景、兴趣爱好等与你基本一致,请你尝试帮小李完成创业资源清单,并对照拟创业项目的相关要求列出所缺资源清单(可参考表2-2)。

表2-2 小李的快递驿站项目资源清单

类型	名称	数量	重要程度	可控性	备注
资金	自有资金	4 200元		★★★★★	资金不足,不能完成场地装修和购买必要设备
	父母借用资金	10 000元	★★★★★	★★★ 计划2年内还清	
实物	电脑	1台	★★★★★	——	基本够用
快递资源	顺丰	100件/天	★★★★★	★★★	已初步达成合作意向
	圆通	200件/天	★★★★★	★★	已初步达成合作意向,但感觉不是很稳妥
	申通	220件/天	★★★	★	正在接触,还未达成合作意向
	韵达		★		接触中
人力资源	员工	3人	★★★★★	★★★★★	3名员工均为团队成员,均有出资,比较稳定
其他	场地	1	★★★★★	★★★	50平方米,达到加盟驿站的场地标准,租金为其他店铺的一半,为优势资源

(2) 开拓快递资源

盘点快递资源的主要目的是找出不足,并着力解决。因此,整合快递资源的第二步便是努力开拓外部资源,关注外部环境,开发更多渠道,寻找利益相关者,构建共赢机制,积极扩充资源增量。如若自身资金不足以启动项目,则可以寻找对该项目感兴趣的个体进行投资;若快递资源不够,则可以与当地快递经营者取得联系,给予其一定回报,形成利益共同体;若客户资源不足,则可以与周边已经比较成熟的店家合作,通过广告等方式进行引流。

(3) 调配利用资源

整合快递创业资源的第三步是调配利用。当已经通过外部拓展获取新的资源时,应形成新的资源清单,并根据资源的数量、质量、重要程度、自身对资源的把控程度确定资源等级、确定关键资源点,从项目运行出发,整体设计、科学统筹,盘活所有资源,形成资源联动,并不断衍生出新资源,从而使资源从"零散"转变为"系统",人尽其才,物尽其用,最大程度地发挥资源在创业中的效用,并不断创造新的价值。

任务 2.3 组建和管理快递创业团队

尽管部分快递创业项目属于投资低、回报周期较短的微小创业项目,但受业务对象的性质影响,项目具有复杂性和多边性,单靠一个人和员工往往难以有效应对项目筹备和经营过程中发生的挑战,因此,组建和管理团队对创业能否成功具有重要意义。

2.3.1 组建快递创业团队

创业团队(Entrepreneurial Team)是指在创业初期由一群优势互补、责任共担、愿为共同的创业目标而奋斗的人所组成的特殊群体。

(1) 创业团队的核心要素

创业团队核心要素图如图 2-3 所示,从内部看,创业团队包括目标、创业计划、人员、角色分配 4 个核心要素。其中,目标是将人们凝聚在一起的关键所在,是创业团队的灵魂;创业计划是确保目标实现的可行性方案;人员是落实创业计划的重要渠道和关键载体,合理的角色分配则影响着团队的整体效率和创业计划的实施质量。从外部看,创业者(项目发起人)、商机(创业项目)、外部环境也是影响创业团队构建的重要因素。创业者的能力、想法、所拥有的资源从根本上决定了是否组建创业团队以及团队结构,在通常情况下,只有创业者认为仅凭借个人的条件无法顺利启动并正常运营项目时,才会考虑组建团队,以实现资源和优势互补;商机代表着对人员、资源的不同要求,人员、资源的配置均需要符合拟创业项目的具体情况;市场环境包括目标市场、行业、竞争、市场营销、市场壁垒等要素,不同的市场环境间接影响着创业目标制定、创业计划设计、创业人员构成和角色分配。

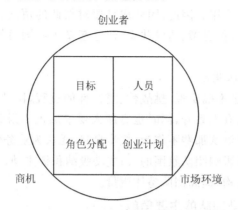

图 2-3 创业团队核心要素图

(2) 高效创业团队的特征

a. 明确一致的创业目标

首先,目标需要具体、清晰、明确,能够指引团队成员勇往直前、少走弯路,因此,创业目标应充分考虑短期与长期、局部与整体的关系,既让人心存理想,也能够收获短期的激励;其次,目标应能够得到团队绝大多数成员的认同、理解,以有效避免项目运营过程中可能遇到的来自团队内部的各种矛盾,并愿意为了共同的目标不计较个人利益,为项目充分发挥自身主观能动性。

b. 团结奋斗的创业精神

团结代表着所有的压力、责任、梦想、挑战,都不是压在某一个人的身上,而是团队所有成员的身上,每个人都愿意且能够为了组织目标奉献、拼搏、牺牲,发挥团队合力;奋斗代表着不怕苦、不怕累,不畏冷言冷语,无惧挫折失败,永远都拥有从头再来的信心和干事创业的决心。世界上没有一帆风顺的创业,战胜这些挫折和困难的最好动力就是团结奋斗的团队精神。

c. 清晰合理的团队角色

根据人职匹配理论,个体差异是普遍存在的,每一个个体都有自己独特的人格特质,与之相对应,每一种职业也有自己独特的要求。因此,一个人的能力、性格、气质、兴趣与所从事职业的工作性质和条件要求越接近,工作效率就越高,个人成功的可能性也越大;反之,工作效率就越低,个人成功的可能性则越小。一个高效的团队应该将合适的人放在合适的位置上,让你承担更符合自身能力特质的职责,团队角色应该是清晰、合理的,以更好地发挥团队的合力。

d. 互补信任的团队关系

一个高效的创业团队,成员应形成互补的关系,以有效实现资源整合利用,并创造更大的价值。这种互补,既是知识、经验、资源上的互补,也是性格、能力、兴趣上的互补,这种互补性形成既有助于强化团队成员间的交流合作,又能提高整个团队的战斗力,更好地发挥团队作用。因此,团队成员要对彼此的情况有深入和细致的了解,有效沟通、尝试理解、换位思考、达成共识,建立起基于共同目标和人格品性的信任,夯实合作的基础。

e. 动态开放的团队构成

创业是一个充满了不确定性、挑战性、复杂性的过程,团队可能因为能力、观念、利益、业务等原因不断有人离开,同时也有新人要求加入。因此,高效的创业团队应具有动态开放性,及时淘汰那些不作为、故步自封、无法为业务作出新的贡献,或与团队文化格格不入、严重影响团队氛围的人;主动吸纳积极主动、踏实肯干、富有创意的个体,不断改善团队结构,提高团队整体质量。

(3) 高效快递创业团队的主要角色

a. 团队角色理论

"团队角色之父"梅雷迪思·贝尔宾博士将团队角色定义为:"个体在群体内的行为、贡献以及人际互动的倾向性"。区别于人职匹配理论,贝尔宾的团队角色理论衡量的是行为,而非个性。根据他的观点,一支结构合理的团队应该拥有9个团队角色:凝聚者、外交家、协调者、鞭策者、执行者、完成者、专业师、审议员和智多星(如表2-3所列)。其中,凝聚者、外交家、协调者属于社交型角色,鞭策者、执行者、完成者属于行动型角色,专业师、审议员、智多星属于思考型角色,这9个角色在团队中互补但同样重要。一个人可以承担一个角色,也可以承担多个角色。

表2-3 团队角色表

团队角色	贡献	可能存在的缺点	角色类型
凝聚者	忠诚合作,态度温和,感觉敏锐,待人圆滑,善于倾听,避免摩擦	紧迫情况下可能优柔寡断,避免对抗	社交
外交家	外向、热忱、善于沟通;能够探索新机会,开拓对外联系	过分乐观,一旦初期的热忱减退,可能失去兴趣	社交
协调者	冷静、自信,善于鼓励他人,能够澄清目标,有效授权	或会被视为玩弄手段,推卸个人职责	社交
鞭策者	善于推动,充满活力,能够承受压力;具备克服障碍的动力和勇气	动辄迁怒他人,罔顾他人感受	行动
执行者	实际的,可信赖的,高效率;能够采取实际行动以及组织工作	可能欠缺弹性,面对新机会时反应迟缓	行动
完成者	勤勉苦干,忠诚尽责,渴求完美;善于发现错漏,能够把事情办妥	倾向过分焦虑,不愿别人介入自己的工作	行动

续表 2-3

团队角色	贡献	可能存在的缺点	角色类型
专业师	专心致志，主动自觉，全情投入；能够提供不易掌握的专业知识和技能	只能在有限范围内作出贡献，沉迷于个人专业兴趣	思考
审议员	深思熟虑，辨识能力强，考虑周到，判断准确	可能欠缺鼓舞他人的动力和能力，可能过于批判	思考
智多星	充满创意，富有想象力，不墨守成规，善于解决难题	忽略现实琐事，过分沉迷于自我思维而未能有效表达	思考

【创业实践训练 2-5】

《西游记》里的唐僧、孙悟空、猪八戒、沙僧组成了一个团队，为实现到西天取经的任务，历经了九九八十一难。

任务：请尝试利用贝尔宾的团队角色理论，分析唐僧、孙悟空、猪八戒、沙僧在团队里分别扮演的角色是什么？

b. 高效快递创业团队需要的主要角色

不同快递创业项目所需要的主要团队角色存在差异，不能一概而论。

以快递末端创业项目为例，业务规模小，人员规模大多数在 1~3 人，投资规模也不大，启动难度和运营难度相对较小，创业者欠缺的多是关于市场调研和项目运营的实际经验，在这种情况下，创业者可结合自身的实际情况判断是否需要组建团队，如不需组建团队，创业者应需同时扮演"执行者"、"外交家"的角色，积极向行业前辈请教，积累关于观察、学习的方法论；如确需组建团队，则团队应包括对快递末端运营、拓展客户资源具有一定经验的"专业师"为最佳。

以快递网点创业项目为例，网点创业分新网络起网和老网络转让两大类，由于网点创业项目业务规模大、人员多、投资规模大、业务更复杂、管理难度更大，组建高效的创业团队是项目成功的重要保障。从项目运营的角度出发，至少应包括财务、渠道拓展、渠道管理等"专业师"；从项目管理的角度出发，网点包括运输管理、场地管理、派件质量管理、收件质量管理、客户管理、财务管理、渠道管理等主要工作任务，因此凝聚者、协调者、鞭策者、执行者均不可或缺。

【案例分析 2-1】

如何重估极兔？

根据胡润去年年底发布的《2021 全球独角兽榜》，菜鸟网络和极兔速递是仅有的两家估值超过 1 000 亿元的快递物流企业。极兔仅次于菜鸟网络，估值高达 1 300 亿元。

事实上，市场的看好与极兔长期形成的国内外融合发展的能力沉淀息息相关。尽管极兔在国内正式起网才两年多，但不能忽略的是，其快递网络是国内＋国际两大板块并行，并通过业务扩张等战略，逐步构建了国内外业务的联动局面。

据了解，2015年成立的极兔，目前已经在13个国家自建自营末端配送网络。数据显示，极兔的快递网络已经覆盖印度尼西亚、越南、马来西亚等13个国家，国际物流的业务范围也已覆盖亚洲、欧洲、非洲、美洲以及大洋洲的多个国家和地区，基本打通了国际物流市场的通道。重点发展埃及、巴西和墨西哥三个人口大国，以及阿联酋、沙特两个人均收入较高国家的业务，高客单价和需求豁口让极兔在国际物流赛道上更容易获得资本青睐。

另一方面，极兔已经跃进国内快递行业头部企业阵营。据悉，在6月中旬举办的大客户交流会上，极兔曾披露，其5月全网日均票量已超过4 000万，这意味着，整个5月，极兔完成业务量超过12.4亿票，同期的申通则为10.03亿票。而在完成两网融合之后，极兔也已补齐了自己的基建和网络末端建设的短板：转运中心数量由融合前的74个增至84个，操作场地面积扩张至原来的3倍；干线线路数量由之前的1 500多条增至2 200余条，干线线路班次、干线车辆数量、加盟商数量等也均有显著增加。

（资料来源：新视线）

问题：请从团队的角度，分析极兔速递快速发展背后的原因。

以快递＋创业项目为例，可分为快递周边和快递末端＋周边两大类。前者围绕快递业务展开，但本身并不从事快递业务的创业项目，如同时拥有发货渠道和客户渠道的公司，能够利用自身拥有的信息资源、稳定的客户资源、较强的商务谈判能力，赚取客户发货和快递公司收货的差价；后者以快递末端叠加其他商业为特点，需要创业团队具备跨行业信息收集和处理能力，能链接行业头部资源分配权者，沟通多方达成合作，协调利益分配。因此，在此类创业项目中，凝聚者、外交家、智多星显得尤为重要。

【创业实践训练2-6】

经过近几个月的努力，小李拟在校园内部开设的快递驿站装修完毕，快递资源也已谈妥并持续开拓中。依托快递带来的人流量，小李想以驿站为依托，叠加水果团购业务，但渠道、方向目前暂时没有考虑清楚。小李认为自己一个人没有办法运营好整体项目，拟组建一个团队。

任务：请你结合小李的拟创业项目，帮他分析创业团队中应包括哪些主要角色？各角色的分工、对人员的要求分别是什么？

（4）组建快递创业团队的程序

创业团队的组建是一个相当复杂的过程，不同类型的创业项目对人员的要求不一样，所需的团队不一样，因此，创建步骤也不完全相同。基本程序如下：

a. 识别创业机会，明确创业目标。识别创业机会是对机会潜在预期价值以及创业者自身能力反复权衡的过程，影响机会识别的因素有很多，如个体的经验、专业知识、社会关系网络、创新创业思维和能力等。依托于电子商务的蓬勃发展和人们消费习惯的不断改变,快递行业的业务体量呈现快速增长的态势,从城市到农村、从东部到西部、从小包到大件,快递以无处不在的方式存在于人们的生活中。与快递相关的创业机会众多,如快递公司、快递网点、快递末端、快递智能柜、快递信息化解决方案等,从小处挖掘,总能找到消费者仍未被满足的需求。因此,在识别创业机会的基础上,创业者应明确创业目标,并将总目标进行分解,设定若干可行的、阶段性的子目标。

b. 明确创业项目,制定创业计划。创业者应能够结合创业机会、创业目标,筛选合适可行的创业项目,并为进一步理清思路、促进目标实现制定周密的创业计划,即创业"蓝图"。创业计划是在对创业目标进行具体分解的基础上,从整体的角度设计项目的实施,包括时间、对应的具体任务、责任人等内容,通过逐步完成这些阶段性任务最终实现创业目标。

c. 梳理创业资源,构建团队框架。创业团队是获取快递创业所需各类资源的重要途径,因此,创业者应结合前期工作,做好拟创业项目的市场分析与调研、启动资源预测与分类、财务风险与退出机制设计等,以项目特点和运营需求为出发点,构建团队搭建的基本框架,包括团队需要哪些必须角色、哪些角色可以进行整合、这些角色分别承担什么职责、要求个体具备什么特质或拥有哪些资源。如快递公司有一个很重要的岗位,称作网格管理,负责指导网点如何提升派件质量、收件量、自动化程度、末端经营能力等,而快递公司最担心的事情莫过于网点罢工,因此该岗位对个人的行业经验、管理水平、服务意识,尤其是危机处理能力、谈判交流能力等有较高的要求。

【创业小贴士2-4】

在构建团队框架的过程中,应始终牢记:适度的团队规模是保证团队高效运转的重要条件,团队成员太少则无法充分发挥团队的功能和优势,团队成员过多又可能产生交流障碍,或者引发其他冲突和问题,如团队分裂成多个小群体,各自为政,会大大削弱团队的凝聚力。

一般认为,创业团队的规模控制在2~12人最佳。

d. 招募适合人员,合理划分职权。招募适合的人员也是创业团队组建最关键一步。此处的适合有3层含义:第一,人适合岗位,岗位适合人;第二,人适合团队、组织;第三,人适合团队里的其他人。当完成团队成员招募后,可重新评估团队结构,根据各成员的优势合理划分、及时调整职权,确定每个团队成员所要担负的职责以及相应所享有的权限,既要避免职权的重叠和交叉,也要避免无人承担某项具体工作而造成工作上的疏漏。

e. 不断完善制度,实现动态调整。为更好地发挥团队作用,有效避免不必要的矛盾、问题,应重视团队制度建设,并以规范化的书面形式确定下来。一方面,通过纪律、财务、保密等相关约束制度指导其成员避免做出不利于团队发展的行为;另一方面,通过股权配比、考核奖惩、利益分配等制度充分调动成员的积极性、主动性。创业团队的制度体系应完备,以免带来不必要的混乱。随着团队的运作,组建初期在人员匹配、制度设计、职权划分等方面的不合理之处会逐渐暴露出来,这时就需要对团队进行持续的调整融合,保证团队成员间经常、有效的沟通与协调,培养团队精神,提升团队士气。

2.3.2 快递创业团队管理中的常见问题

(1) 盲目复制成功经验

创业团队的组建基本可以分为关系驱动、资源驱动、价值驱动3种模式。关系驱动是以创业领导者为核心的人际关系圈内成员为主体组建团队,他们因为经验、友谊和共同兴趣结成合作伙伴,发现商业机会后共同创业;资源驱动是指创业团队成员分别贡献创业所需的不同资源,团队成员之间处于相对平等的地位;价值驱动是创业成员将创业视为一种实现自我价值的手段,往往具有很强的使命感。由于创业者多缺乏创业经验,在创业初期容易忽视项目自有特点,直接复制他人成功经验的方式组建和管理团队,后期发现在管理中会遇到各种各样的问题。

【案例分析2-2】

在某市的快递从业者中有一位风云人物,张＊＊。尽管没上过大学,但早早进入社会的他在近5年的时间内做过8份不同的工作,同时也积累了创业的必需资金。2013年,当菜鸟驿站在快递末端领域还处于一家独大但市场门店覆盖率还不高的时候,他果断在一个三千户的小区开设了周边区域第一个菜鸟驿站,由于与多家快递公司的业务员建立了较好的关系,驿站实现了主流快递的全入驻,每月净利润约10 000元。

在很多人看来,这是一个累、需要看人脸色、回报还不高的项目,张＊＊却不这么认为。2014年,在第一个驿站运营基本稳定后,他想要开设自己的第二家店。但他深知,如果管理跟不上,快递资源和客户资源都会流失,驿站也会面临高额的赔偿或罚款。他从第一家店的员工中选择一名熟悉业务、吃苦耐劳、能够主动解决问题的员工,让他去当新店的店长。为更好地激发员工的主动性和积极性,他在综合评估新店的包裹量和具体收益后,计算出新店每个月的净利润预计为12 000元,即与新店长达成了协议:他负责店铺选址、装修、快递资源对接;新店长全权负责新店的运营和管理,每个月只需要交给他8 000元。2014年末,他以这样的方式开了自己的第三和第四家店,店长不再是以前店的员工,而是驿站所在区域快递公司的快递员。到2016年,他已经有了10多个自己的驿站,且驿站已经开始叠加其他的商业项目,如家政服务、社区团购等。

现在,每年他除了需要做好各种商业的渠道维护、指导店长妥善处理重大问题外,大量的时间都专注于家庭、提升自我、发展兴趣上。

问题:请问张＊＊采取的这种店铺拓张的方式适用于所有创业者吗?可能存在哪些问题?

（2）发展思路难以达成一致

事实上，创业初期的团队目标和发展思路并不十分清晰和明确，可能只是一个模糊的方向，摸着石头过河，走一步算一步，有些人甚至不明白自己为什么就走上了创业之路；同时，即使创业领导者明确发展目标和发展思路，其他成员或许也存在一些不同的理解，但由于创业初期项目本身存在着不少外在威胁，发展思路上的不一致往往容易被忽略，随着创业进程的推进以及外界环境的变化，团队成员可能会发现原定目标和现实之间存在差距，发展思路也不符合现实情况，需要调整，但此时如果团队成员对发展方向持不同意见且难以调和，或个人目标与组织目标不一致，团队则面临着解散的风险。

【案例分析 2-3】

小王和大王是关系很好的朋友，两人在大三开始就在学校里面回收快递纸箱，再卖给废品回收站和纸箱厂。他们在学校的快递点、宿舍楼下都设置了纸箱回收点，有的回收点不需要他们支付成本，只需要定期找人打包、拉走即可，有的回收点则需要根据纸箱的数量支付少量成本。随着生意越来越好，两人忙不过来的时候便会找一些同学兼职，每月的利润虽说不是非常高，但对学生来说也算是一笔不少的收入。

小王和大王都快毕业时，他俩都决定不找工作，这个生意可以接着干，但是对于是否在其他学校也开始业务，两人产生了分歧。大王认为，既然已经毕业了，打算把这个生意当成事业来干，业务流程已经很清晰了，快递公司、废品回收站、纸箱厂的业务关系也都搭建好了，可以再在另外两个学校开展业务，以增加盈利。小王则认为，一个学校的业务量不大，不用额外聘请工作人员，繁忙的时候请兼职就可以了，不操心，收入还不错，如果要把业务拓展到其他学校，就需要再请长期工作人员，其他成本也会随之上涨。两人谁也说服不了谁，由于大王坚持要拓展业务，小王选择了退出；之后，大王找了一个新的合作伙伴，却发现很多细节上不如当初和小王合作那么愉快。

问题：请问当团队成员对项目的发展思路难以达成一致时，最好的解决方案是什么？

（3）利润分配方式引发团队冲突

有效激励是企业长期保持团队士气的关键。如果缺乏有效的激励，团队或者组织的生命都难以长久，有效激励的重点是给予团队成员合理的"利益补偿"或"利益分配"。在团队组建初期，由于企业前途未卜，各成员在创业团队中的作用和贡献无法准确衡量或估计，团队或许无法给出一个明确的利润分配方案，只能基于前期对各成员所拥有的资源、能力、角色、职责确定经大家协商一致的初始分配比例。但随着项目的推进，可能出现实际贡献与预期贡献不一致，即实际分配与劳动付出不匹配的情况，团队成员或许会对初期约定的分配方式产生不满，认为自己或他人的劳动没有得到认可和预期回报，而某些人的实际利润分配却超过了贡献值，在这样的情况下，对于利润分配方案就产生了不同的声音,如果没有核心创业者的协调、部分利益相关方的妥协,重新分配利润的诉求没有得到满足,个别成员则可能采取消极对待的方式,进而影响团队的协作性、战斗力。

因此,为避免利润分配方式引发的矛盾和给项目带来的负面影响,首先,项目的1~2个领导者在利润分配中应占比50%以上,以确保其话语权,当然,领导者应充分履行管理职责,不断提高管理能力,增强自己在团队中的影响力;其次,利润分配方案不应是一成不变的,而应结合业务的推进适时调整,调整方案应取得团队绝大部分成员的认同,方案应全面评估团队成员的业务绩效,客观评价其在项目中的作用,并尽量确保付出与回报成正比;最后,完善项目的绩效考核方案,利用信息化的管理工具确保多数绩效指标可考核,对于一些已经背离团队价值观、损害团队整体利益的成员,采取合适的渠道劝其退出,并吸收新的成员。

(4) 团队冲突频发降低团队绩效

团队冲突包括认知冲突和情感冲突两种方式。认知冲突是团队成员因一些问题(如利润分配方式、考勤制度、业绩激励制度、项目发展方向、重大投资等)的见解、观点和看法不同而产生的冲突。利润分配方式引发的冲突属于认知冲突的范畴,也是在团队管理的过程中最常见且对团队运营影响最大的冲突。认知冲突不应被回避,在面对重大问题或重大矛盾时,创业团队最好采取开诚布公的方式阐明自己的观点和建议,最终以企业(项目)的整体利益为出发点进行决策。

情感冲突是团队成员因为个人恩怨或私人情感而产生的冲突,常常源于个人利益或非理性情绪。情感冲突降低了决策质量,破坏了对成功执行决策的理解,有些成员甚至因为情感冲突揣测他人作出的各种决定,不愿意履行作为团队成员的义务,拒绝与他人进行合作、沟通,严重影响团队凝聚力和团队氛围,进而导致团队绩效下降。

【拓展阅读 2-10】

编者语:俗话说,有人的地方就有江湖,对于创业团队而言,冲突不可避免,如何正视冲突、解决冲突,从冲突中寻找机会、找到出路,才是团队管理和建设的关键所在。快递行业表面上是与包裹打交道,实际上则是与人打交道,创业的难度和复杂程度与其他行业相比有过之而无不及。伴随信息化、数字化的发展,快递行业也逐渐脱离了传统认知中劳动密集型的特征,如何通过提高时效、人效的方式降低成本,提高收益,变成了目前快递公司竞争的主要方式。

在中国快递江湖,"通达系"(又称"桐庐帮")绝对是一个独特又无法忽视的存在。他们之间的关系错综复杂,既是"同根枝",创始人均来自同一个乡县——浙江桐庐歌舞乡(如今被誉为"中国快递之乡"),又是竞争对手,从创办到崛起,"相爱相杀"近30载。

1993年8月,聂腾飞、陈小英、詹际盛从印染厂辞职,成立了一家名为"盛彤"(申通的前身)的公司,出资30 000元的聂腾飞任总经理,坐镇杭州收件,陈小英负责打电话和谈业务,筹了5 000元的詹际盛则在杭州、上海两地跑。后来,詹际盛带着弟弟詹际炜另起炉灶,在杭州天目山路开了一间不到 5 平方米的小门店,取名"天天快递"。

1999 年,聂腾飞的弟弟聂腾云独自创立韵达快递,申通则留给了陈小英兄妹掌舵。没多久,剩下的骨干也纷纷离去另起炉灶:财务张小娟联合丈夫喻渭蛟创立圆通快递;坐镇上海区的商学兵拉上做木材生意的同村人赖海松一起创办了中通快递。民营快递江湖赫赫有名的"桐庐帮"快递大军慢慢成形。

2005 年,淘宝与 eBay 易趣的对抗战进入白热化阶段,电商的快速崛起给快递业带来意想不到的"春天"。春节过后,圆通快递的喻渭蛟火急火燎跑到杭州拜见马云,希望入驻淘宝派送平台,彼时的马云也在寻找快递公司解决物流问题,这是双赢的事。不过马云提出了一个要求:不把价格降到 8 元(当时邮政的快件价是 22 元,普通民营快递每单 18 元),免谈。喻渭蛟本着"薄利多销"的理念"对赌"电商未来,咬咬牙与淘宝签下合作协议。很快,效果立竿见影,借着电商崛起的东风,圆通快递的快件量急速上涨,尤其在 2009 年淘宝的"双十一"购物节之后,作为唯一官方指定快递,圆通快递风生水起。

由圆通快递掀起的这场价格战,随即席卷"通达系",对手们纷纷抗议,只不过,在商言商,他们在责骂圆通砸饭碗不厚道的同时,也不忘跑到杭州牵手淘宝。

(资料来源:《电商报》)

课后习题

1. 请简述快递创业者应具备的核心素质。
2. 请结合自己拟创业的快递项目确定需要的资源,梳理自己已有的资源,确定需获得的资源及拟获取途径。
3. 请简述高效创业团队的特征。
4. 请简述创业团队如何处理因利润分配引发的矛盾。

项目 3　快递驿站创业

项目概要

目前,市场上快递驿站品牌众多,菜鸟驿站占据了 50% 以上的市场。由于快递驿站的主营业务明确、集中,不同品牌的快递驿站申请条件差异不大。申请条件主要包括场地、硬件、快递业务等,具体需查询各驿站品牌官方网站。

快递驿站创业者应具备一定的基础能力,包括评估竞争情况、熟练操作快递驿站系统、熟练操作快递驿站设备、熟练进行快件日常管理。快递驿站创业的业务管理包括快递资源维护、客户资源维护、站点人员管理、站点流程管理 4 部分。

快递驿站创业的常见问题:快递驿站需要投入多少资金、快递驿站选址的注意事项、快递驿站装修的注意事项、如何预估快递驿站的利润、如何获取快递资源、如何应对快递临时终止合作、如何处理旺季爆仓、如何处理快件遗失、如何做好特殊时期的卫生防护工作。

教学目标

☞ 知识目标

- 了解常见的快递驿站品牌;
- 了解加盟快递驿站品牌的申请条件;
- 了解运营快递驿站应具备的基础能力和核心业务能力;
- 知晓快递驿站创业中可能遇到的常见问题及处理方法。

☞ 能力目标

- 能够掌握获取快递驿站品牌信息的渠道;
- 能够搜集、甄别、筛选最符合自身条件的快递驿站品牌;
- 能够操作快递驿站的常见设备和服务系统;
- 能够通过合法渠道获取快递资源;
- 能够正确、快速做好快件的入库、管理、出库;
- 能够合理调配、管理门店的工作人员,为客户提供优质服务;
- 能够做好快递驿站的关键绩效指标管理。

☞ 素质目标

- 认识到劳动最光荣、劳动最崇高、劳动最伟大、劳动最美丽,并崇尚劳动、热爱劳动、辛勤劳动、诚实劳动;
- 形成诚实守信、积极进取、敢为人先、善于变通、胸怀远见、不轻言放弃的创业精神；
- 提升热情、周到、主动、包容、用户至上的服务意识；
- 主动学习，终身学习，不断提高管理者综合素养。

教学重难点

☞ 教学重点

- 科学预估快递驿站的启动资金；
- 准确计算快递驿站的盈利；
- 合理选择快递驿站的位置。

☞ 教学难点

- 获取与维护快递资源；
- 完成末端品牌方的 KPI。

【拓展阅读 3-1】

驿站（post）是古代供传递军事情报的官员途中食宿、换马的场所；快递驿站则是近年来才出现的提供快递代收、寄取及其他相关业务的场所。

其实，快递驿站的前身就是小超市代收，在没有菜鸟驿站、妈妈驿站等快递末端门店之前，快递员是需要将货物直接交到收件人手中的，由于白天多数人都需要上班，家里没有人，对于无法当面送达的货物，快递员会个人支付一定的成本，将包裹寄放在客户小区门口的超市里，由于快递不是超市或其他门店的主营业务，且快递员和超市老板并未形成关于取件服务的规范约定，因此经常出现丢件、投诉等情况。

随着我国电子商务的不断发展，快递量呈现不断上升的态势。2021 年，全国快递量为 1 105.8 亿，比上年增长 2.1%，约为 2013 年的 12.03 倍。2022 年同城快递业务量完成 128.0 亿，同比下降 9.3%；异地快递业务量完成 957.7 亿，同比增长 4.0%；国际/港澳台快递业务量完成 20.2 亿，同比下降 4.1%。同城、异地、国际/港澳台快递业务量占全部比例分别为 11.6%、86.6% 和 1.8%。人均快递支出也随之不断上升（如图 3-1 所示）。

但快递员的群体扩容却跟不上行业的步伐。同时，快递公司为提高效率，扩大品牌影响力，考核制度越来越严，快递员的派费并没有随之增长，人员的稳定性较差，末端网点的压力尤其大。为解决快递末端"最后一公里"的问题，快递驿站开始出现。

因此，近些年快递驿站的数量不断增加，新品牌也不断出现。低价格的派费会让快递员选择将包裹直接寄存至小区附近的驿站，让用户自提，提高自身派件效率，但同时也引发了部分用户的不满；对于绝大部分用户而言，让驿站代收帮忙保存一段时间，在有空的时候再去取也是一种较好的消费体验方式。

作为投资不高、回报相对稳定、商业模式简单易操作的项目，快递驿站受到了众多创业者的青睐。

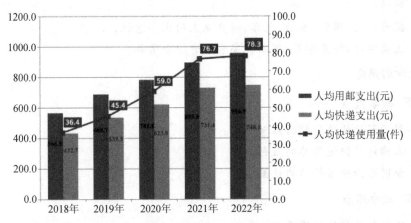

图 3-1　2018—2022 年人均用邮支出、快递支出和快递使用量情况

（注：数据来自 2022 年邮政行业发展统计公报）

任务 3.1　快递驿站的申请标准

目前市场上快递驿站品牌众多，不论是校园驿站，还是社区驿站，菜鸟网络旗下的菜鸟驿站都占据了 50% 以上的市场份额。由于快递驿站的主营业务明确、集中，不同品牌的快递驿站申请条件差异不大。

3.1.1　菜鸟驿站的申请标准

菜鸟驿站是由阿里巴巴旗下菜鸟网络牵头建立的面向社区、校园的第三方末端物流服务平台。在服务物流行业的同时，持续提升末端运作效率，并为用户提供包裹暂存、代寄等服务，致力于为消费者提供多元化的"最后一公里"服务。

如表 3-1 所列，社区菜鸟驿站和校园菜鸟驿站的加盟条件、入驻标准略有区别。最显著的差异在于：第一，社区菜鸟驿站允许经营服务类业务的店铺加入，校园菜鸟驿站则不允许；第二，社区菜鸟驿站没有对业务技能提出要求，校园菜鸟驿站则对合作快递以及日均派件量提出了基础要求；第三，校园菜鸟驿站对场地、设备的要求更高。

表 3-1　菜鸟驿站的申请标准

要素	类型	
	社区驿站	校园驿站
品牌定位	提供快递暂存、代寄、团购、洗衣、回收等多元化服务	打造智慧校园链接平台，提供专业的物流解决方案

续表 3-1

要 素	类 型	
	社区驿站	校园驿站
加盟条件	① 专业点店铺实际场地面积≥20 m²，小站店铺实际场地面积≥10 m²； ② 同一服务范围内无其他站点以及菜鸟智能柜； ③ 店铺为非毛坯房； ④ 店铺位于一楼（与马路平行），写字楼、商业体不限楼层； ⑤ 愿意配合后续统一的培训以及菜鸟品牌店铺形象装修要求	大于 20 m² 的场地，如校园商业区或生活区、交通枢纽处等独立非露天场地，同时，需设置绿色回收区
入驻标准	① 合作类型：快递代办点、个人创业菜鸟驿站及部分零售类 & 服务类店铺； ② 硬件设备：联网电脑或智能手机、小 yi 工作台、OCR 巴枪、云监控、小票打印机、专业包裹货架、地台、烟雾报警器、自动应急照明设备、防护口罩、长胶手套（耐强酸强碱）、灭火器等； ③ 业务技能：主流合作快递公司需接入 2 家以上，且其中至少 1 家为通达系（申通、圆通、中通、汇通、韵达），日均包裹派件 100 单以上； ④ 业务技能：需要有独立的包裹存放区域，可以容纳开展业务所需的接待台、货架等； ⑤ 经营时间：08：00—22：00 内不低于 10 小时，且营业时间内有专人值班	① 经营主体：公司、个体工商户或个人； ② 硬件设备：联网电脑、智能手机、菜鸟定制巴枪、菜鸟云监控、菜鸟自助取件服务终端 S01（高拍仪）、电子面单打印机、灭火器、标准快递货架（每 100 件快递配一组货架）、WiFi 等； ③ 业务技能：主流合作快递公司需接入 2 家以上，且其中至少 1 家为通达系（申通、圆通、中通、汇通、韵达），日均包裹派件 250 单以上； ④ 经营时间：08：00—22：00 内不低于 8 小时，且营业时间内有专人值班
入驻流程	站点提交初步信息（个人/店铺信息）→初评→培训→提交详细信息（设备信息）→平台审核→签署协议，冻结保证金→入驻成功（如图 3-2 所示）	提交入驻信息→小二初审→签署协议，冻结保证金→提交装修及硬件审核→小二审核，入驻成功
保证金	专业点和小站分别一次性冻结 3 000 元、1 000 元保证金；若在开展业务过程中未发生任何问题，退出后保证金会解冻	一次性冻结 5 000 元保证金；若在开展业务过程中未发生任何问题，退出后保证金会解冻
联系人	通过官方网站上的合作伙伴入口找到所在城市的服务商联系电话，他们主要负责新站点的拓展入驻和站点的日常基础运营	通过官方网站上的合作伙伴入口找到所在城市校园城市经理的联系电话
装修要求	在站点内安装风格统一的含菜鸟品牌的宣传元素，根据店铺的实际情况有不同的装修类型	在站点内安装风格统一的含菜鸟品牌的宣传元素，根据店铺的实际情况有不同的装修类型

续表 3-1

要　素	类型	
	社区驿站	校园驿站
其他要求	1. 服务意识强； 2. 对电脑、手机等电子产品操作熟练，学习、接受能力强； 3. 个人健康状况良好且已取得家庭成员认可并支持	

（注：资料来源于菜鸟网络官方网站）

加盟菜鸟驿站均可在菜鸟网络的官方网站查询到相关具体信息，每一步均有详细的操作指南。如图 3-2 所示，如拟申请加盟社区菜鸟驿站，首先，申请者应根据要求提交加盟申请，并提前与所在区域快递谈好合作意愿，初步确定店铺地址；然后，工作人员会上门（远程）对前期准备进行评估；待初评通过后，申请者则应及时租下店铺并采购相关设备，同时在网上提交入驻初步信息；在初评通过后，经过约 3 个工作日的培训，申请者应完成设备安装、店铺装修等准备，并提交入驻详细信息，复审通过后，在线签署加盟协议，冻结保证金，账号立即生效。

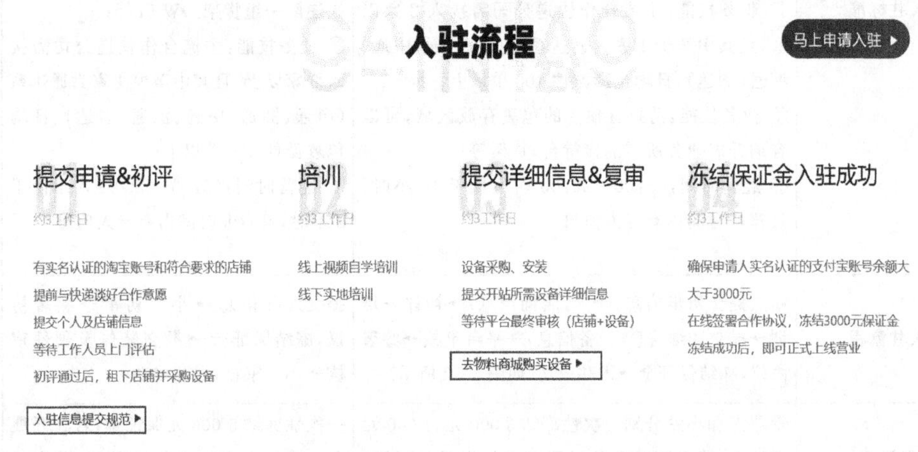

入驻流程

提交申请&初评	培训	提交详细信息&复审	冻结保证金入驻成功
约3工作日	约3工作日	约3工作日	约3工作日
有实名认证的淘宝账号和符合要求的店铺 提前与快递谈好合作意愿 提交个人及店铺信息 等待工作人员上门评估 初评通过后，租下店铺并采购设备 入驻信息提交规范 ▶	线上视频自学培训 线下实地培训	设备采购、安装 提交开站所需设备详细信息 等待平台最终审核（店铺+设备） 去物料商城购买设备 ▶	确保申请人实名认证的支付宝账号余额大于3000元 在线签署合作协议，冻结3000元保证金 冻结成功后，即可正式上线营业

图 3-2　社区菜鸟驿站入驻流程图

【创业小贴士 3-1】

申请加盟菜鸟驿站过程中的注意事项

申请人淘宝账号为唯一签约主体，一旦入驻成功，无法更换支付宝，且站点间不可转让。入驻前，请确认你的签约主体是否正确，申请人是否为店铺所有人。若后期店铺由您的员工来进行操作,入驻后可以将员工的账号添加为管理员账号,申请时请勿用员工的账号进行申请。

地址填写完毕后,请单击蓝色小标校验定位地址是否与填写地址一致,若不一致,调整正确后再提交。

站点名称命名规则:城市+地标/小区/区位+店,且控制在15字内。如:成都市国际城1栋一单元101菜鸟驿站。

3.1.2 兔喜生活+的申请标准

兔喜生活+是中通快递旗下的致力于提供多元化的"最后一公里"服务的快递驿站末端品牌,面向形象门店、社区和校园及中通代签点,减少业务员派件操作,降低业务员被客户投诉签收未收罚款,争夺快递末端派送市场,提高网点收益。发展至今,已遍布全国,主要集中于一、二线主流城市。

兔喜生活+申请标准如表3-2所列。

表3-2 兔喜生活+申请标准

要素	类型	
	校园门店	社区(乡镇)门店
经营主体	经营主体可以为公司、个体工商户或个人	快递及非快递公司承包区的快递代办点、以兔喜生活+门店模式的门店、部分零售类&服务类店铺
硬件设备	站内有连网电脑、普通扫描枪、标准快递货架2组以上、WiFi、高拍仪、PDA巴枪等	店内有连网电脑或智能手机、专业包裹货架、监控、灭火器、地台、电子面单打印机、PDA等
经营空间	大于20 m^2 的场地,如校园商业区或生活区、交通枢纽处等独立非露天场地	标准兔喜生活+门店内有不少于20 m^2 包裹存放空间;兔喜生活+合作的代收门店内有不少于10 m^2 包裹存放空间
业务技能	主流合作快递公司需接入2家以上(申通、圆通、中通、汇通、韵达、天天、邮政,其中至少1家为通达系,即申通、圆通、中通、汇通、韵达),且日均包裹入库250单以上	无
经营时间	08:00—22:00内期间营业不低于10小时,且营业时间内有专人值班	08:00—22:00内期间营业不低于10小时,且营业时间内有专人值班(乡镇门店可申请报备特殊营业时间)

续表 3-2

要素	类型	
	校园门店	社区（乡镇）门店
装修要求	在站点内安装风格统一的含兔喜品牌的宣传元素，根据店铺的实际情况有不同的装修类型	
其他要求	① 愿意投入一定的成本，服务意识好； ② 看好兔喜生活＋前景，且有与快递公司沟通及洽谈包裹导入价格的能力； ③ 对电脑 & 手机等电子产品操作熟练，学习、接受能力强	
其他说明	① 目前暂时无需缴纳保证金； ② 目前暂时可享受装修补贴； ③ 有意愿加盟者可拨打官方电话 4000587000	

（注：资料来源于兔喜官方网站）

任务 3.2　快递驿站创业的基础能力

快递驿站创业者应具备一定的基础能力，包括评估竞争情况、熟练操作快递驿站系统、熟练操作快递驿站设备、熟练进行快件日常管理。

3.2.1　评估竞争情况

作为专业末端包裹解决方案的快递驿站，由于商业模式简单、前期投资不高、进入门槛较低，在市场上面临着来自多方面的竞争，因此，快递驿站创业者应具备评估竞争情况的基础能力。

如表 3-3 所列，快递驿站在市场上的竞争对手有快递品牌自营店铺、其他品牌快递驿站、与其他商业形成合作的简易代理点、智能快件箱、物业免费代收点，以上竞争类型对于快递驿站的竞争难度逐渐降低。

表 3-3　快递驿站竞争对手分析表

竞争对手	主要描述	竞争难度
快递品牌自营店铺	多数快递为加盟制，如某个快递品牌的加盟商在您所选小区周边开设了该品牌的自营店铺，您的快递驿站在前期基本无法获取该品牌的快递资源，只能通过经营期间的服务竞争，引导消费者在购物时留存快递驿站地址的习惯，通过长时间的影响才可能接入该品牌快递	★★★★★

续表 3-3

竞争对手	主要描述	竞争难度
其他品牌快递驿站	拟入驻区域已经存在的其他品牌的快递驿站也是您的强劲对手,不同品牌快递驿站的竞争难度受品牌知名度、美誉度的影响,如知名但口碑欠佳的熊猫代收,不知名的聚点快递、友邦管家等。 在收派件收取费用相当的情况下,快递驿站系统的便利性、稳定性是竞争的主要因素,如快递驿站系统是否能直接对接快递公司管理系统,提高快递员派件效率等。如区域内已存在其他品牌的快递驿站,不要急于求成,应以自身服务质量和流程效率为主要突破点,与快递员不断沟通,并且其他驿站不采取降价策略,只要形成了服务口碑,也是可以轻松获得快递资源和客户资源的	★★★★
与其他商业形成合作的简易代理点	在部分区域,当不存在快递驿站或快递自营店铺时,快递员往往和便利店、超市、洗衣店或其他业态合作,委托这些商业处理包裹存放和代收业务,这就形成了快递简易代理点。 这种简易代理点的竞争难度与代理点的服务态度有较大的关系,由于代理点主要是依靠快递进行引流,对快递业务的收益不敏感,针对此类竞争对手,可以采取逐步分化的策略,先与业务量比较大的快递公司谈判,通过专业服务获取该公司的快递资源,对于一些由代理点掌握的业务量比较小的快递,则可以暂时不动,通过后期服务逐渐获得客户好评,进而获得快递资源,以免激化矛盾	★★★
智能快件箱	快递公司将包裹投放在智能快件箱,快件箱会收取一定的费用,而不少消费者并不愿意快递员直接将快件投放至快件箱中。因此,该类竞争的难度取决于快件箱的收费水平。如果快件箱的收费高于或等于快递驿站的收费,快递员基本上会直接选择与驿站合作,因为驿站的服务更完善,客诉率相对更低;若快件箱的收费低于快递驿站的收费,如果相差不大,也比较容易与快递达成合作;如果快件箱收费较低或者暂时免费,驿站依然可以选择主攻单量最大的 2~3 家公司,以服务品质和较低收费为依托进行引流,当消费者养成消费习惯,在合作快递中也形成较好口碑后,获取其他快递资源则变得比较容易	★★
物业免费代收点	在小区附近没有快递驿站、智能快件箱等物流末端服务渠道时,物业公司往往会免费提供包裹代收服务,以提高业主满意度。但由于包裹代收服务会耗费场地、人力资源,对于物业公司也是一笔不低的成本,因此,专注末端解决方案的快递驿站的出现对于物业而言,是一个好事,可以帮助物业公司减少该部分事务,容易形成合作	★

3.2.2 熟练操作快递驿站系统

快递驿站系统具备快件入库、上架、编码、出库等基本功能,对接快递公司内部管理系统,可实现数据的实时对接,提高快件处理效率。因此,快递驿站创业者应具备基本的信息素养,熟练操作驿站管理系统。如菜鸟驿站的管理系统叫驿站掌柜,兔喜生活＋的管理系统叫兔喜超市。

如图3-3所示,驿站掌柜管理系统包括包裹管理、掌柜参谋、结算中心、服务管理、个人中心、服务中心、站点成长7个主要功能模块。其中,包裹管理包括查件、滞留件处理、寄件管理、包裹入库功能,是工作人员必须熟练掌握的重要模块。如图3-4所示,工作人员可通过联系电话、运单号、退货码查询快件的最新信息,如到站时间、是否已经短信通知等;如图3-5所示,工作人员可对滞留件进行移库和重新发送短信的处理;如图3-6所示,工作人员可通过寄件管理界面查询到寄件人、地址等详细信息,并打印电子面单;如图3-7所示,通过包裹入库,可实现包裹的自动编号。

图3-3 驿站掌柜管理系统—主界面

项目3 快递驿站创业

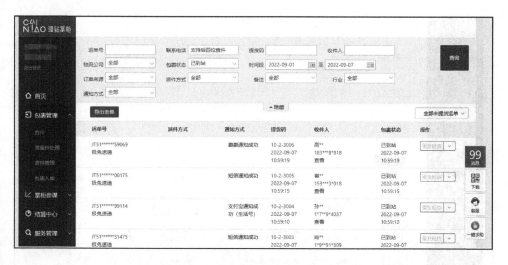

图3-4 驿站掌柜管理系统—包裹管理—查件

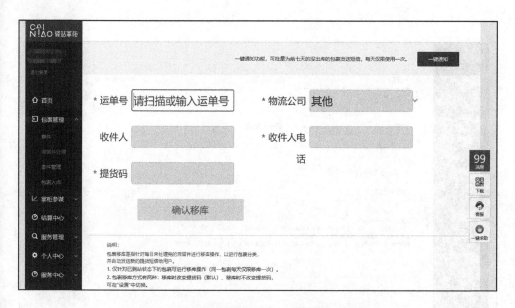

图3-5 驿站掌柜管理系统—包裹管理—滞留件

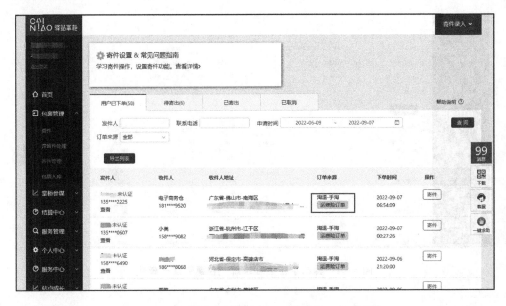

图3-6 驿站掌柜管理系统—包裹管理—寄件管理

图3-7 驿站掌柜管理系统—包裹管理—包裹入库

如图3-8所示,通过掌柜参谋-业务数据菜单,经营者可查询不同时间段的收件、寄件、消费者体验、站点指数等数据。其中,通过收件可查询到设定时间的入库单量、出库单量、入库及时率、7天出库率等,为驿站的经营管理做好数据支撑。同时,掌柜参谋还具有经营管理的功能(如图3-9所示),管理者可通过员工管理菜单查询到不同员工的工作情况,并以此为依据对员工进行绩效考核。

图3-8 驿站掌柜管理系统—掌柜参谋—业务数据

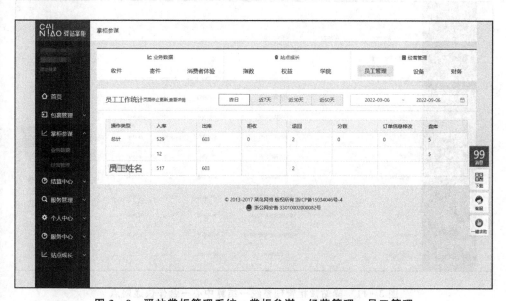

图3-9 驿站掌柜管理系统—掌柜参谋—经营管理—员工管理

如图 3-10～图 3-12 所示，通过驿站掌柜的结算中心可查询寄件收入、派件收入、待缴费、待充值、保证金等相关财务信息；通过合作快递网点可查询当前合作的快递公司，设置价格、解除绑定等；通过奖励/补贴账单菜单可以查询各类奖励、补贴的明细、具体金额、交易状态。

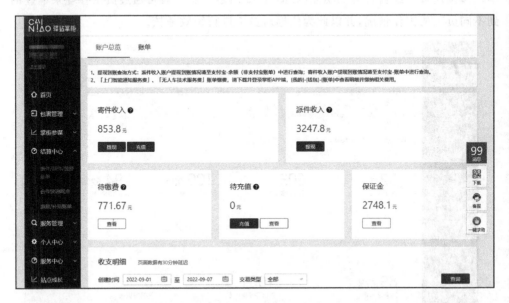

图 3-10 驿站掌柜管理系统—结算中心—寄件/派件/缴费账单

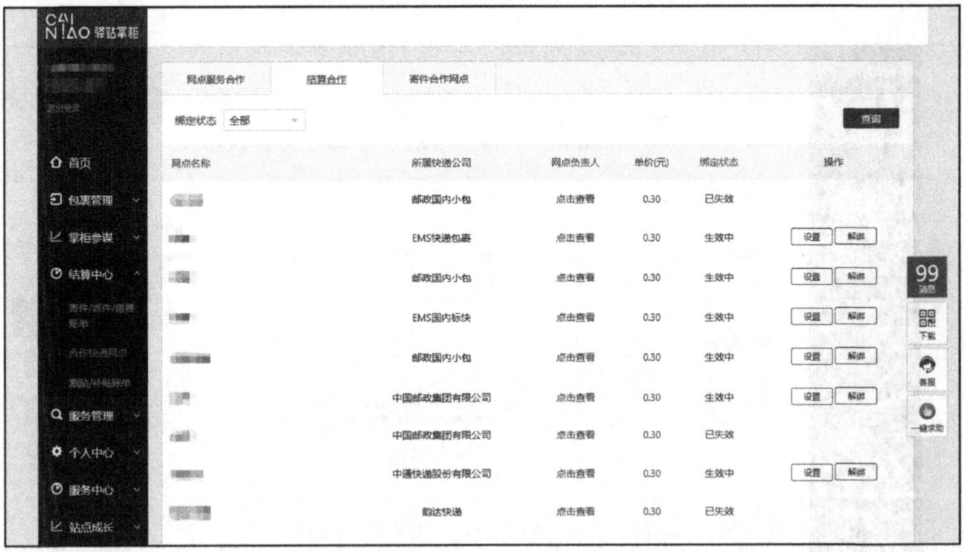

图 3-11 驿站掌柜管理系统—结算中心—合作快递网点

图 3-12 驿站掌柜管理系统—结算中心—奖励/补贴账单

3.2.3 熟练操作快递驿站设备

快递驿站最核心的设备有电子面单打印机、巴枪、高拍仪。

(1) 电子面单打印机

电子面单打印机(如图 3-13 所示)是专门用来打印快递面单、包裹标签的打印机设备。目前,快递驿站多使用便携式打印机(蓝牙打印机)。首先,快递电子面单多为卷式或层叠式三层热敏纸不干胶标签,最后一层撕开后可直接粘贴在货物外箱表面,电子面单页面内容全部由快递软件生成,再通过面单打印机打印出来,最大化地节省了快递面单填写所需的人工成本。其次,该打印机也用于打印快件在驿站里特有的标志代码标签,结合巴枪或手机,即可完成快件入库的全部流程,为提高效率,可以选择边入库边打印标签的模式。

(2) 巴 枪

巴枪(如图 3-14 所示)又被叫做物流 PDA 或者物流手持终端,以 PDA 手持终端作为数据存储的载体,搭载操作系统、扫描引擎,借助无线通信方式,通过条码扫码形成一套数据采集传输系统。巴枪可以满足物流行业的信息采集、信息处理、信息查询的需求,实现信息的一体化管理,减少失误、提高效率。

利用巴枪可随时随地记录并传输各种形式的数据,安全便捷接入企业数据库,实现数据前后台无缝整合。同时,巴枪支持客户电子签名,保障签收的安全性,提高信息录入的准确性。尽管目前多数手机也支持搭载部分快递驿站品牌的终端系统,但由于巴枪在识别和处理快件信息时更稳定,使其成为了快递驿站的标准设备之一。

巴枪操作简单:打开巴枪,选择包裹入库模块,扫描待入库包裹条形码,订单号、电话号码等信息将自动生成,单击确认入库;快件出库时,选择出库模块,扫描包裹条形码,单击确认出库即可。

(3) 高拍仪

高拍仪(如图 3-15 所示)主要由包裹放置区域、信息反馈区域、拍摄功能区域三部分组成,识别率高,拍照清晰,具有 OCR 文字识别功能,与驿站包裹管理系统、云监控系统等实现数据对接,客户只需要将包裹放置在高拍仪上,快递面单朝上,拍摄功能区域即可自动识别和读取快递面单信息,并显示在信息反馈区域,自动出库,较大地提高快递驿站的出库效率。

图 3-13 电子面单打印机　　图 3-14 巴枪　　图 3-15 高拍仪

高拍仪除可用于快件出库外,还包含寄件、语音提示、未取包裹提醒及云存储等功能,同时,通过信息追溯可精确查找取件人的取件时间及身份信息,方便包裹取错后的找回。

3.2.4 熟练进行快件日常管理

快递驿站的快件管理主要包括入库管理、出库管理、寄件管理和异常件处理。

(1) 入库管理

a. 货物上架

快递驿站每天会接触大量的快件,有规则的包装,也有不规则的包装;有箱子,也有袋子;有重的,也有轻的。当快递员把当日的快件送到驿站后,首先应该将快递摆放到货架上。在摆放货物时,原则上同类包装、大小相近包裹放在一起;大且轻的泡货放顶层,重货放底层;文件、代收货款、到付快件、生鲜物品单独放一层。

由于每个人的操作习惯不一样,在将快递上架的过程中,也可以考虑个人操作偏好、场地大小等具体情况。如有些驿站在摆放货物时主要考虑快递公司、到货时间等因素。快递驿站货物摆放示意如图 3-16 所示。

图 3-16　快递驿站货物摆放示意

【创业实践训练 3-1】

请利用课余时间，自行选择一家快递驿站（品牌不限），观察其货物摆放的方式是否有不合理的地方，如有请指出。

b. 扫码入库、粘贴标签

利用巴枪或安卓系统智能手机登录所加盟的快递驿站品牌方操作系统，单击入库，根据固定的顺序（如货架-层数-从左往右等）挨个扫描货架上的所有快件，如扫描成功，巴枪或手机会发出"滴"的提示，表示该包裹已成功扫描，快件的物流信息会及时更新为"你的包裹已到达＊＊＊驿站（小店）"。包裹入库时，系统也将自动给消费者发送包含取件码的取件短信。

为提高效率，巴枪与手机均已直接连接到打印机，包裹标识代码（标签）可通过打印机进行打印，代码的编码规则类型（见图 3-17）和上架标签打印模式应提前设定。标签打印好后，驿站工作人员应根据包裹入库的顺序将标签逐个粘贴到快件的外包装上，在粘贴标签时，切忌不要更换货架上快件已摆好的位置，以免信息绑定错误。标签最好粘贴在快件醒目位置处，以便识别和及时查找。

在快件入库时，快件遗漏是操作者最容易犯的错误，因此一定要仔细。

【创业小贴士 3-2】

菜鸟驿站取件码的编码规则

为提高取件效率，菜鸟驿站提供"货架＋数字序号"及"货架＋运单号后四位"的取件码标签模式。由于"货架＋运单号后四位"具有明显弊端，实际多采用"货架＋数字序号"模式。

该模式以快件入库时的扫描时间依次排序，按照每层货架最多放置数量的不同，具体分为"后两位自动增加"和"后三位自动增加"。

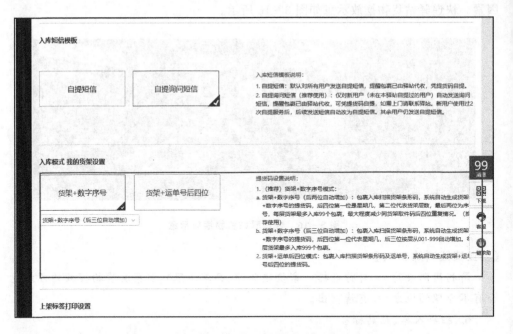

图 3-17　菜鸟驿站菜鸟掌柜系统包裹入库设置

以"后三位自动增加"为例,快件入库时扫描货架条形码,系统自动生成取件码。其中,第一段代码代表货架号,第二段代码代表货架层数,第三段代码代表入库时间和入库序号。一般来说,第三段代码包括四位数,其中第一位数字代表入库当天是星期几,第二位、第三位、第四位数字即为该货架该层的入库序列号,序列号范围为001~999,代表该货架该层最多可放置999个快件。如取件码编码规则选择的是"后两位自动增加",则第三段代码的第二位数字始终为0,第三位和第四位数字为该货架该层的入库序列号,序号范围为01~99,代表该货架该层最多可放置99个快件。

如取件码06-2-1028代表第06号货架第2层星期一入库的第28个包裹;取件码101-3-2188代表第101号货架第3层星期二入库的第188个包裹。这种模式的缺点是,如果存在超过一周未取的滞留件,入库快件序号会重复,导致错拿等情况发生。因此,采取此编码规则进行编码的驿站,最少一周应清理一次滞留件。

(资料来源:菜鸟驿站.智慧物流末端综合实训[M].北京:电子工业出版社,2021:89-90.)

c. 快件盘点

快件盘点是指不定期地对驿站内的快件进行清点与重新归置的过程,分定期盘点和不定期盘点两类。如核实某货架某层的快件数量是否与系统记录数量一致;或逐个清点货架上的快件,确认是否与系统内的快件记录一致。

在进行快件盘点操作前,确认是否需要给客户发送滞留件短信,短信内容应勾选滞留天数。盘点的主要目的是清理滞留件或处理其他异常件。如在盘点的过程中发现某货架某层上实际快件数量与系统记录数量不一致,首先应核实在入库时是否所有快件都直接放到了该货架层上,如确实所有的快件在入库时都已经摆放在对应的货架,则应该从该层放置快件的取件码标签上人工检查是否有其他层的包裹被错放在该层。若没有,则应选择逐单盘点,确认是否有误操作了签收扫描但客户实际并未取走包裹,或客户实际已取走包裹但未进行签收扫描的情况,以及包裹已上架但未入库的情况。

在快件盘点时,应将已经超过7天的滞留件放置在专门区域,以免取件码重复,导致错拿。

(2) 出库管理

快件出库是快件从驿站代存到送达客户的一个作业过程,驿站工作人员选择操作系统的出库模块,利用终端设备扫描快件运单条形码,系统将显示该快件已出库,物流信息将及时更新。根据取件方式的不同,分开放式取件和非开放式取件两种。当然,部分驿站也采取两种方式相结合的形式。

　a. 开放式取件

开放式取件是在取件时,客户进入快件存放区,凭借收到的取件码,根据取件码中的货架、层数、序号等信息查找包裹,并利用高拍仪进行运单识别和身份校验,实现快件出库的过程。开放式取件可以在一定时间上给予驿站工作人员以及用户更大的自由,但由于部分用户不熟悉驿站货架布局,不容易较快地找到包裹,或拿到错误包裹后不放回原处,因此存在一定的问题。

　b. 非开放式取件

非开放式取件是由用户提供取件码、手机号码,驿站工作人员代为查找包裹,并通过巴枪扫描快递条形码进行出库的方式。与开放式取件可以多个用户同时进行取件不同,非开放取件方式只能允许工作人员同时操作,在取件高峰期容易造成排队时间较长、驿站拥堵的情况出现,进而影响用户的取件体验。

【创业实践训练 3-2】

小黄现在是一家校园菜鸟驿站的站长,驿站对接了4家主流快递公司的快件,日均派件量约为1 000,采用开放式取件方式,根据要求配备了高拍仪、巴枪等设备。除他之外,还有2个全职人员和2个兼职人员,兼职人员的工作时间主要为11:30—13:30、16:30—20:00,主要负责协助高峰时期的取件和出库。

某个周日,有取件的同学与工作人员发生了争执,原因是该同学自己在快件区找了近十分钟都没有找到自己的包裹,遂找到某位工作人员就该情况进行反馈,请其帮忙再看看。该工作人员非常不耐烦,表示有就有,没有就没有。后来另外一位全职人员对照取件码去找了包裹,也没找到。经查询系统发现,该快件已经在2天前被人取走了,经过查询云监控和查找后台信息,小黄得到了取走快件的小甜同学的电话。

练习:假设你是小黄,接下来应该怎么做?

(3) 寄件管理

如图3-18所示,快递驿站常见的寄件分到站寄件、上门揽件、自助寄件三类。

以菜鸟驿站为例,到站寄件分已经提前通过菜鸟下单和没有提前下单两种。对于前者,只需要寄件人提供寄件手机号码的后四位,驿站工作人员即可在系统中查询到该订单的具体信息,并打印电子面单;对于后者,工作人员需提醒寄件人通过菜鸟进行自助下单,并打印电子面单即可。上门揽件则是客户在相关系统平台下单,要求工作人员上门取件,对于上门揽件,应注意及时响应、提前沟通、按时上门,并带好相应的设备。由于自主寄件需要配备专门设备,还未普及,目前只有极少数的快递驿站提供了此服务,此处不再展开介绍。

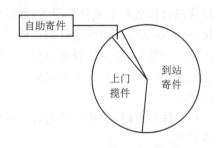

图 3-18 驿站寄件比例图

关于快件揽收的具体要求,详见《快递服务 第3部分:服务要求》(GB/T 27917.3—2011)中的"5.2 收寄部分"。

【创业实践训练 3-3】

国家邮政局对快递揽收、寄递服务有明确的要求,如发件人实名认证、不得收寄违规物品等,但是在执行过程中,却由于高峰时期繁忙或其他原因在部分时候(场景)未落实到位。

背景:某天晚上 20:00,正在驿站值班的王*迎来了一位特殊的客人,这是一位看起来大概 10 岁左右的小朋友,小朋友说要寄个快递,并拿出家人已经准备好且密封完成的盒子,表示家人已经在官方网站下单,王*也从后台查询到了该订单。

王*要求打开该箱子进行验视,小朋友表示家人强调不能打开。

练习:王*应该怎么做?

(4) 异常件处理

从异常件的来源看,包括快件代收和快件代寄两个方面,前者主要在上架、入库、出库环节发现,后者主要在货物已经揽收后出现。各种类型的异常件情况及处理方式详见表 3-4。

表 3-4 异常件情况及处理方式

场景	类型	处理方式
代收	错分件:快递员将不属于驿站服务范围的快件送到驿站	入库时及时识别并找出,联系快递员处理
	快件丢失:包括整件丢失、部分丢失	确认是否在快递交接环节已经进行代签收。如为是,属站内丢失,与客户进行沟通赔付,做好记录和总结;如为否,为快递环节丢失,及时向快递公司反映并跟进处理

续表 3-4

场景	类 型	处理方式
代收	快件破损:入库时发现破损,入库后发现破损,或因快递驿站保管不力后期导致的破损(含商品腐烂、变质等情况)	如为入库时发现的破损,及时拍照留证,并联系快递公司;如为入库后发现的破损,及时联系客户,反映快件异常情况,建议其及时联系发件方进行理赔;如为驿站保管不力导致的破损,及时与客户沟通赔偿事宜
	违禁品:不得通过快递方式进行邮寄的物品,详见国家邮政局、公安部、国家安全部《禁止寄递物品指导目录》(2016年)	快递交接环节发现:及时向快递公司反馈,拒收,做好记录; 站内操作环节发现:及时拍照留证,记录收件人信息,妥善放置包裹,并反馈相关责任部门处理
	入库延迟:快递驿站在收到快递员送达的包裹后,未及时上架入库,延误客户自提时间,进而影响客户相关安排	做好解释工作,入库后送货上门,或送至客户指定地点,尽量减小客户损失或降低不良影响
	拒收件:客户选择拒收,要求驿站退回或代为处理	做好客户拒收记录,及时取出快件,并退回至快递公司
	滞留件:包裹入库且发出取件短信后,超过24小时未取	如为普通件,第二天再发短信给收件人;如为生鲜件,电话联系收件人,告知快件类型,建议其尽快领取
代寄	快件丢失:未按服务承诺保管快件,导致出现丢失情况	及时与客户沟通,主动赔付,并做好记录
	快件破损:未按服务约定为客户包裹提供存储、保管服务,从而导致物品受损、变质等现象	
	代寄延迟:未在包裹到站次日内及时寄出	及时与客户沟通,询问其是否影响原定计划,如客户对送到时间有要求,主动为其转寄时效更高的快递

任务 3.3　快递驿站创业的业务管理

快递驿站创业的业务管理包括快递资源维护、客户资源维护、站点人员管理、站点流程管理四部分。

3.3.1 做好关系维护,保持快递资源

(1) 对接关键人物,获取快递资源

尽管目前市场上主流的快递末端品牌大多有快递公司占股,或与快递公司形成紧密利益链的业务背景,但除直接由快递公司创办的品牌有少量的自带快递外,多数快递资源依然需要由驿站经营者主动对接和获取。

根据当前快递公司对末端的管理方式,无论是直营式快递公司还是加盟式快递,通常每名快递员会固定负责一片区域的收件/派件业务,因此,在确定快递驿站选址后,应及时与负责该小区(街道)快件收派业务的快递员取得联系,与他们沟通自己拟开设驿站的意向,如果快递员能够授权驿站进行快件的代派,自己可以接受的费用是多少,经过双方沟通达成一致。当然,快递员有可能会拒绝,拒绝的原因可能是认为代派的费用比较高,影响了自己的派件收入,而驿站代派节约的时间没有办法利用收件或其他业务创造更大的价值;也可能是由于快递员对驿站的管理水平和操作能力存在质疑,担心因驿站代收影响自己的部分考核指标等。

(2) 妥善处理关系,维系快递资源

如果驿站与关键人物的关系是在商言商的关系(利益敏感),当出现其他快递驿站品牌(门店)的时候,快递员会根据竞争品牌门店提供的价格、服务来考虑是否与原驿站合作;而如果驿站与关键人物的关系是朋友伙伴的关系(情感敏感),除非竞争品牌门店提供的价格具有显著优势,否则快递员依然会选择与原驿站合作。

【创业小贴士3-3】

快递资源维系的基本准则

平等合作:快递驿站经营者应和快递员建立平等合作、互助共赢的关系,切忌颐指气使,但也无需卑躬屈膝。

理解尊重:快递从业者的社会地位不高,劳动具有重复性和复杂性,较难得到社会的尊重,快递驿站经营者应能够从心底尊重、肯定快递员的劳动。

加强沟通:在快递驿站运营过程中,难免会出现这样或者那样的问题,如电商促销活动期间快件增多,驿站运营能力难以承受,此时应通过提前与快递员沟通的方式,制定解决方案,避免一刀切拒收、入库率及派送率不达标等情况出现。

关心关爱:一瓶水、一包饼干、一个问候,是关心;在快件过大、过重的时候,帮忙搭把手,是关心;在快递员身体不舒服的时候,一包感冒冲剂,也是关心。

建立感情:最初的时候,驿站和快递员相互不了解,是单纯的业务关系,或许时常会因为一些小问题产生争执和纠纷,后来通过慢慢了解了双方的性格和处事风格后,

容易逐渐产生认同感，更能够站在对方的立场思考问题。当双方在情感上产生共鸣时，业务问题更容易得到解决，彼此更容易互相理解和支持。

3.3.2 提高服务质量，维护客户资源

(1) 对照服务标准，提供优质服务

对于快递驿站而言，快递员是合作伙伴，取件人和寄件人则是客户。如果客户不满意服务质量，一方面会投诉驿站，影响驿站的得分和评级；另一方面，客户不会再选择由驿站代收自己的包裹，而改为由快递员直接对接的方式，无疑会增加快递员工作和服务的难度，甚至影响快递员的业绩考核，如果投诉和拒绝代收的客户比较多，快递员或许会重新考虑是否应该与驿站合作。

因此，驿站工作人员应提供品牌方要求的标准化服务，提高服务意识，主动服务、微笑服务、耐心周到、用语文明，并且根据客户的意见和要求，有条件地提供增值服务和有偿附加服务。

(2) 认真对待投诉，实现双方共赢

【创业小贴士3-4】

常见客户投诉内容

除表3-4异常件情况及处理方式中提到的代收、代寄中遇到的异常件容易导致投诉外，引发投诉的原因通常还包括以下内容：

快递驿站展示信息与实际不符，导致客户利益受损。如经营地址与展示地址不一致，导致客户无法找到经营地点；公布的联系电话显示是空号，长期无法接通或无人接听；营业时间与展示时间不一致，客户在展示时间内到达驿站却未在营业。

服务质量未达到客户预期，产生不好的客户体验，如：
- 驿站脏乱，快件摆放不整齐；
- 驿站工作人员不熟悉业务，查找快件时间过长；
- 驿站未合理配置空间和人员，取件等待时间过长；
- 服务过程语言生硬，不使用礼貌用语；
- 对待客户咨询不耐烦，不愿意解答；
- 工作人员着装不当；
- 辱骂殴打客户。

当客户对快递驿站不满时，可能向驿站管理者投诉，也可能向品牌方投诉，还有可能向政府监管部门投诉。

当驿站管理者接到客户投诉时,应第一时间核实情况,如果投诉情况属实且造成客户损失,要先表达歉意,再提出合理的解决方案,取得客户谅解;如未造成客户损失,也应向客户道歉,并表示将持续改进服务。如果投诉情况不属实,应尽快致电客户,耐心解释沟通过程中产生的信息差异,感谢客户监督,取得客户理解。

当驿站管理者收到品牌方反馈的投诉时,首先应表示对客户反馈情况的感谢,并尝试安抚客户情绪,表示将第一时间核实情况并给出解决方案;当问题核实后,说明问题产生的原因,取得客户理解,并提出解决方案,征求客户同意,并将处理意见和沟通意见向品牌方报备。由于客户投诉的数量和处理情况属于驿站管理的重要考核指标,直接影响驿站的收益,驿站管理者应认真学习品牌方对该内容的相关要求和处置流程。

当驿站管理者收到来自政府监管部门(如邮政管理局、市场监督管理局)的投诉反馈时,应高度重视,配合相关部门完成事件调查,主动提供相关证明材料,听取处理意见和建议,妥善与客户进行后续沟通。

3.3.3 优化人员管理,提高员工绩效

快递驿站作为低成本创业的一种方式,经营者应结合业务承接情况为驿站配备合适数量的人员,做好成本控制,注重员工激励。

(1) 配备合适数量的人员

快递驿站的工作人员数量应与操作单量以及经营业务匹配。一般来说,在不考虑其他经营业务的前提下,日均操作单量在 500 以内,一位工作人员即可;每增加 400 件,应增加 1 位工作人员。同时,在人员安排上,应考虑新手和熟手的区别,在驿站开设的前期,人员对上架、入库、出库的流程还不熟悉,还无法妥善及时处理突发情况时,实际人员数量应高于计划人员数量;在快件高峰时间段来临前,通过共享员工、兼职员工等形式,提前做好人员储备。

如驿站有超过 2 名以上的工作人员,应明确其中一位为站长(驿站负责人)。站长应具有良好的组织协调能力、沟通能力、目标分解和向下传导的能力,负责驿站整体运营和管理,组织招聘驿站员工并做好岗前培训,按照品牌方考核指标与相关要求制定并实施工作计划,关注每日出库率、取件及时率、派件数量、客户满意度等关键绩效指标,掌握运营情况,监督、指导其他员工工作情况,维护与合作快递负责人的关系,做好站点费用结算,落实安全责任等。

(2) 实施员工强绩效管理

快递驿站的工作劳动强度大、劳动时间长,虽不会风吹雨淋,但为提高人员的工作效率,可采取强绩效的激励方式。某快递驿站除经营包裹业务外,还承接了淘宝

客、电信、干洗等业务,其员工的收入构成如表3-5所列,工作人员的底薪为1 500元/月,从每月派件工作量、收件工作量、取件通知及时率、消费者评价率、线上寄件、服务态度指数等方面对包裹业务完成情况进行考核,根据完成情况给予不同的绩效奖励;同时,驿站承接的其他业务也给予员工一定的激励。各个快递驿站可结合实际情况制定员工绩效考核方式和办法。

表3-5 某菜鸟驿站人员绩效考核表

类 型	细 目		具 体 标 准
包裹业务		底 薪	1 500元/月
	业务考核	派件工作量激励	月派件量×0.1元/3
		收件工作量激励	月收件量×0.5元/3
		取件通知及时率	① 及时率≥90%,奖150元; ② 90%＞及时率≥80%,奖50元; ③ 未达到80%不奖
		消费者评价率	① 评价率≥4%,奖150元; ② 4%＞评价率≥2%,奖50元; ③ 未达到2%不奖
		线上寄件	① 线上寄件每30单,奖50元,可叠加; ② 不足30单不奖
		服务态度指数	① 指数≥4.8,奖150元; ② 4.8＞指数≥4.5,奖50元; ③ 未达到4.5不奖
其他业务	淘宝客、干洗、电信业务推广		单项收入除以员工数×50%

3.3.4 优化管理流程,顺利完成KPI

关于快递驿站的管理要求和考核指标,品牌方均制定了站点管理规定,创业者应认真学习、仔细了解、严格落实。

(1)快递驿站的基础考核要求

如表3-6所列,菜鸟驿站会从派件指标、寄件指标、消费者体验指标等方面,对站点的经营和管理进行全面考核,并给予不同的奖惩。

表 3-6 菜鸟驿站的基础考核要求

类别	考核要素	考核要素说明
派件	入库单量	统计时间内由快递员送到快递驿站,并由驿站进行代派的包裹数量
	出库单量	统计时间内经由驿站出库,即消费者签收的包裹数量
	7日出库率	考核时间点的前7天内包裹出库量与包裹入库量的比值。如:2022年11月20日的7日出库率=2022年11月13日～2022年11月19日的包裹出库量/2022年11月13日～2022年11月19日的包裹入库量×100%
	当日出库率	当天入库包裹的出库单量与当日入库总单量的比值
寄件	寄件单量	统计时间内由快递驿站通过各种渠道代寄的包裹数量
	次日寄出率	次日寄出率为下单次日24点前寄出的订单量与下单当日有效寄件订单总量的比值
	当月寄派比	当月实际寄出单量与入库单量的比值
	爽约率	当日24点前未揽收的有效订单量与当日实际有效订单的比值
	接单后揽收率	当日已揽收的有效订单量与当日实际有效订单的比值
	及时回单率	当日已揽收且及时回传运单号的订单量与当日实际有效订单的比值
消费者体验	投诉量	统计时间内的投诉总量
	投诉率	15天前收派的包裹在15天内产生的投诉总量与15天前入库总单量的比值
	投诉成立量	判定成立的投诉数量
	投诉成立率	判定成立的投诉数量占投诉总量的比值
	好评率	好评数量占业务数量的比值
	差评率	差评数量占业务数量的比值
	评价率	评价的业务数量占业务数量的比值

(2) 快递驿站的其他考核要求

为增强品牌竞争力,各快递驿站品牌方均会采取不同措施提高服务质量,提升消费者满意度。如菜鸟驿站2021年4月开始推出淘系包裹免费送货上门服务,消费者如需驿站提供上门服务,可在菜鸟APP上发起服务需求,品牌方会对快递驿站的履约率进行考核。

任务3.4 快递驿站创业的常见问题及解惑

3.4.1 快递驿站需要投入多少资金

在众多创业项目中,快递驿站属于投资较低、回报相对稳定的类型。如表3-7所列,前期需要投入的资金包括房租、装修、设施设备、保证金(如果品牌方有要求)几部分,总金额从几千元到几万元不等(房租以季度支付)。目前,有品牌方要求设施设备必须通过官方渠道统一购买,也有些设备可以通过其他途径自行采购。

表3-7 快递驿站资金投入

序号	类型	描述	图例	金额/元
1	房租	如经营场所为自营房产,则不涉及房租;不同城市、不同区域、不同位置的铺面租金价格不一致,支付方式根据具体情况存在一定差异,以实际情况为准	—	不确定,以实际情况为准
2	装修	① 基础装修:地板、墙面等,以实际情况为准; ② 广告元素装修:带有快递驿站品牌元素的装修,门头、背景墙、货架端牌、前台贴面、上墙制度、区域标识等; ③ 装修要求和注意事项详见后文	—	广告元素装修约2 000~3 000
3	设施设备	基础设施设备:电脑、小票打印机、巴枪、小yi工作台、云监控、简易出库仪(小yi智能取件机)、电子面单打印机	—	6 000~8 200(此价格不含电脑)
3	设施设备	货架3组(根据包裹单量进行调整): ① 颜色:白色、蓝色或灰白色,首选白色; ② 高度:1.5~2米,首选2米; ③ 深度:0.35~0.5米,首选0.4米; ④ 材质:主体及隔板不得为玻璃等易碎材质; ⑤ 建议标准:单组货架长度1米、1.2米、1.5米;层数4层或5层		800
3	设施设备	地台: 地台最短边不能低于40厘米,厚度不低于3厘米,购买尺寸为100(长)厘米×80(宽)厘米×8(厚)厘米		20
3	设施设备	烟雾报警器		20

续表 3-7

序号	类型	描述	图例	金额/元
3	设施设备	自动应急照明设备		20
		防毒面罩		15
		长胶手套		10
		灭火器 2 个：根据《邮政业安全生产设备配置规范》要求，灭火器必须符合 GB50140 规定，以 A 类（固体火灾）、民用建筑严重危险级为基准。A 类火灾场所应选择水型灭火器、磷酸铵盐干粉灭火器、泡沫灭火器或卤代烷灭火器。每 20 平方米有一个 4 kg 及以上灭火器；灭火器不得直接落地，需放置在灭火器底座、挂架或灭火器箱内，手提式灭火器应设置在灭火器箱内或挂钩、托架上，顶部离地面不应大于 1.5 米，底部距离地面高度不宜小于 0.08 米；灭火器不得上锁，摆放应稳固，铭牌朝外，不能积灰或生锈		120
4	保证金	—	—	以品牌方要求为准，0~5 000 不等

3.4.2 快递驿站选址的注意事项

如图 3-19 所示，在快递驿站选址时，应首先确定选址范围，接下来根据市场竞争情况调整选址范围，根据承接派件数量确定场地面积，最后结合各项经营细节综合确定最优选址。

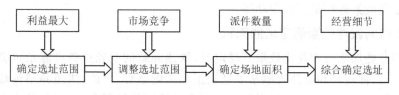

图 3-19 快递驿站选址流程

(1) 根据利益最大原则确定选址范围

利益最大原则指项目选址应能够辐射尽可能多的人群,以获得尽量多的包裹资源,通常情况下快递驿站的选址应为人口最密集、包裹派费最多的区域,如高校、大型劳动密集型工厂、小区、场镇或商业区。

在这5种类型的包裹环境中,最优选址分别为:高校校内选址离住宿区1千米内,校外选址离出入口300米内;工厂选址离出入口50米内;小区选址以多数居民步行300米内为宜;场镇选址以门店为中心,力争3千米内辐射人口最大化;商业区以门店为中心,辐射100米。选址以尽量减少或降低触发因取件距离过远而造成的客户投诉为基本出发点。

为规范竞争,保证已加盟驿站权益,提高服务品质,快递驿站品牌方对驿站的选址一般会有明确要求。如兔喜生活+要求快递驿站门店应在距离小区(商业楼)门口200米内,步行5分钟可到达;菜鸟驿站要求拟申请门店的100米内无社区驿站专业点和校园驿站。一般而言,快递驿站应选择位于小区中心位置或小区门口商业街、人流主通道,不能在地下室/地下车库、二楼及以上位置。

(2) 根据市场竞争调整选址范围

近年来,包裹代收代派市场的竞争日益增大,包裹数量越大的地方,可能面临的竞争越激烈。快递驿站创业者在选址时一定要深度调查拟选区域市场竞争情况。通常情况下,快递驿站的主要竞品是其他品牌快递驿站,商业叠加类快递驿站竞争力略高于专业/独立快递业务代理点;独立快递业务代理点中,有快递网络背景的代理点竞争力优于第三方背景的代理点。

智能快件箱也是应考虑的主要竞争因素。目前,各智能快件箱品牌差异不大,常见品牌有丰巢、易邮柜、菜鸟柜、格格、易博、近邻宝、递易、日日顺、京东。由于智能快件箱没有服务人员,近年来在落地过程中产生了不少负面声音。因此,除非智能快件箱和场地管理方有独家经营协议,其竞争力相比有人值守的快递驿站要低。与此同时,由于门卫代收、物业代收在绝大部分地方几乎已被市场淘汰,其竞争力几乎可以忽略。

基于以上原因,创业者在选择快递驿站场所时,应尽量避开高竞争区域。当然,由于市场环境瞬息万变,创业者应对可能产生的变化进行合理的预期。如当地快递员短期内是否有开设快递驿站的想法、其他快递驿站是否会有重大变动、相关快递驿站品牌加盟政策近期是否有变动等。

(3) 根据派件数量确定场地面积

在商业叠加项目和转化效果不确定时,快递驿站的基础业务只能是包裹代派和代收,由于派件规模和收件规模基本呈现正相关的态势,因此,快递驿站选址主要是围绕如何能代处理更多的包裹展开的。在选择场地的过程中,应综合考虑拟操作快件的单量,如包裹日单量在300以内,场地20平方米即可;包裹日单量每增加100,场地需增加5平方米。如果拟在经营包裹业务的同时也运营其他商业,应将所需区域一并考虑在内。

(4) 根据经营细节综合确定选址

【创业实践训练3-4】

王**拟在有4 000户居民的大型社区开办一个快递驿站,由于小区内不允许有商业经营,他只能选择在小区外面,经过前期调研,基本确定了3个房租相当且均能够满足包裹操作需要的场所,其中铺面A面积最小,B和C面积一样。你认为哪个选址是最合理的?为什么?

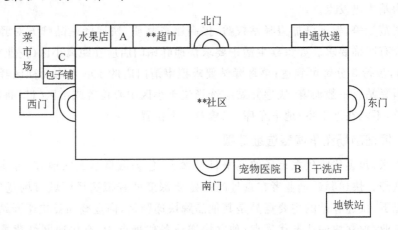

【创业小贴士3-5】

快递驿站选址的其他细节性要素

场地稳定性:你所租的这个场地租期能签多长?是否有被退租的可能?如果被退租,会造成哪些影响?是否有预案?

场地重置成本:选址成功之后,需考虑人口变化带来的场地面积需求变化。如驿站选址是一个业主还未完全入住的新小区,30平方米的空间即可满足当前包裹数量需求,但未来包裹量会上涨,需要空间也更大。因此,经营者需要进行综合评估,是直接选择一个可以承受包裹量峰值的大铺面,还是选择一个可以满足当前需求的30平方米的铺面,将来再换?

交通便利因素：对于快递驿站经营者而言，快递员是甲方。因此，当驿站辐射范围之内有其他竞争者时，场地选择应考虑快递公司和快递员运输工具停放与到达的便利性。

外摆空间大小：在电商大促期间，各大快递驿站的包裹量均有大幅上涨。选择场地时，拥有一定外摆空间能够低成本解决包裹量大幅上涨时包裹处理效率的问题。同时，尽量避免选择临近商铺经营包子、水果的店铺，因为此类商铺对外摆空间也有刚性需求。

客户习惯：快递行业发展态势在各地区具有一定差异，有些地方的客户自提意识强，有些地方的客户自提意识差。在自提意识较差的区域开设快递驿站，容易遭受大量投诉。

场地业主人品：这是做任何实体商业都应该考量的因素，避免房租价格根据经营状况调整。由于快递行业附加值非常低，但人流量密集，容易给人造成一种生意好的假象。因此，在选择场地时应特别注意避开此类房东。

防洪防涝防火防盗：因为洪涝灾害和火灾、偷盗损失惨重的快递驿站并不是个案。2017年，成都市金堂县发生洪水，45个驿站受损，其中7个驿站的包裹被全部冲走，赔偿金额达17万之巨。

网络信号：许多客户到站后才会打开手机查看取件码，如果选址不好容易造成网络信号问题，并引发不必要投诉。

3.4.3 快递驿站装修的注意事项

快递驿站在装修时，应严格根据品牌方的要求进行，同时结合自身的其他商业规划，合理设计、科学安排。

以菜鸟驿站为例，装修应参照菜鸟网络官方的装修要求，严格区分服务区和包裹区，相应地方体现品牌元素，并符合消防安全规定（如图3-20所示）。

装修时应注意以下要求：

① 优先确定驿站取件的方式。开放式、分离式是菜鸟驿站取件的两种形式。开放式是由客户根据取件码自行在包裹区找寻包裹，自行在出库仪上利用快件条形码和个人身份码出库，实现全流程自助服务的取件形式（如图3-21所示）；分离式是客户不进入包裹区域，将取件码告知工作人员，由工作人员代为查找、取出、出库的方式。开放式和分离式取件对驿站店铺的货架布局、各类标识的设计有不同的要求。如开放式取件方式的驿站没有明确的分隔区域，货架有明显的分布标识和层数标识，取件码编号规则有清晰的逻辑和说明。

② 科学安装监控设备。为确保财物安全，有效规避和及时处理异常件和客户投诉，在安装监控设备时，应确保包裹处理和摆放区域无死角，出库验证区域摄像头的高度不宜过高，以能够看清人脸为标准，同时，此处的监控摄像头应具备高清录像和录音功能，硬盘数据应能存储30天以上，或使用云监控，以便实时查询。

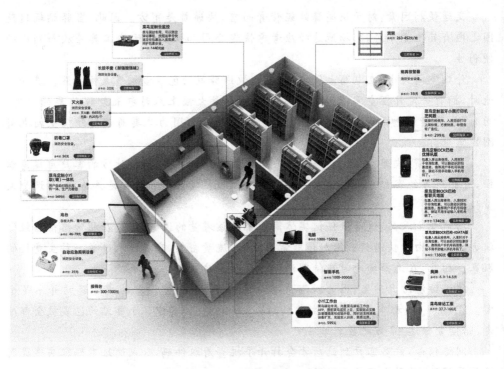

图3-20 菜鸟驿站装修示意图

图3-21 开放式驿站

③ 尽量获取装修补贴。在申请入驻驿站时,选择总部统一装修,在装修完成后可获取2 000~3 000元的装修补贴(多数快递驿站品牌方均提供装修补贴)。

④ 其他注意事项。合理布局,提高场地使用效率;提前规划,预留计划商业的空间;门头招牌不小于3平方米、库区灯光明亮等。

3.4.4 如何预估快递驿站的收入

如何能够相对准确地预估拟开设快递驿站的利润,是所有驿站创业者关心的重要问题。快递驿站的利润是驿站总收入减去驿站总成本。其中,快递驿站的收入分为包裹收入和其他商业收入两部分;成本主要包括前期启动资金,以及每月都会发生的人员工资、水电费、房租、电话费、宽带费和其他杂费。不同类型的驿站成本存在差异,经营者可根据实际情况计算成本。

(1) 包裹收入

a. 包裹代派收入

包裹代派收入是快递驿站最固定的收入来源,每个创业者在开办驿站前,都应该做好调研,做好收入预估。其中,中通、圆通、申通、百世快递、韵达、天天为主要调研对象,由于各家快递公司在快递市场的占有量相对变化不大,以下占比可作为参考:中通24%、圆通17%、韵达13%、申通11%、百世快递10%(此数据仅为参考),通过此比例,创业者可以通过调查一家快递公司日单量推算出该区域所有快递的总量,进而确定在该区域开设驿站的可行性。如通过预估,接入能够接洽的快递公司资源后,包裹收入也不足以支付房租、人工等成本,创业者可考虑重新选址,或叠加其他商业。

快递员将包裹寄存在驿站,由驿站进行代派,所支付的成本(以下简称派费)有一定差异,由快递员和驿站经营者协商确定,同一个地区的不同驿站、不同城市的驿站、承担工作内容具有差异的驿站,派费都存在不同程度的差异。如云贵川渝地区派费标准为0.3~0.6元,驿站提供包裹分类整理、短信通知收件人取件(入库)、核验收件人身份将包裹交付收件人并完成出库的服务;天津、杭州、上海地区派费标准为0.8~1.2元,除基础服务外,驿站会根据收件人要求提供送货上门服务,也可能需要根据快递公司要求对已经出库的包裹进行签收录单或处理问题件。因此,在与快递公司或快递员进行派费谈判时,不能仅仅只看费用的高低,也应综合评判快递员要求驿站提供的服务,以及驿站提供此服务后成本提升的比例。

b. 包裹代寄收入

包裹代寄收入又称寄件,快递驿站的寄件需求主要来自购物退货、个人寄递、公务寄递3个方面,分别约占总收件量的65%、20%、15%。近年来,由于淘宝天猫店铺基本都赠送了运费险,消费者的退货频次较之前有明显提高。

快递驿站与快递员的合作一般分为两类。一是通过沟通形成一个通过认可的收件价格,驿站获得寄件金额一定比例(一般为50%~60%)的提成,如驿站实际收取寄件费用为1 000元,则驿站可获得500~600元的提成。二是快递员与快递驿站约定好驿站底价,由驿站自行确定消费者寄件价格,超出底价的部分为驿站的盈利,如快递员给到驿站的同城快递寄件价格为4元(1千克内)+1元/每超出1千克,驿站收取的同城寄件费用为 8 元(1 千克内)＋2 元/每超出 1 千克,驿站收取价格与快递员收取价格的差额即为驿站收件收入。

消费者可以在快递驿站自行选择某一家合作快递,驿站收取包裹后,会及时交由快递员带回快递公司寄出。对快递员而言,减少了等待取货的时间;对消费者而言,快递驿站的营业时间足够长,能够满足不同时间的寄件需求。以武汉市某快递驿站为例,该驿站每天能收约 120 个包裹,如果包裹在 1 千克以内,每件包裹只需要支付给各家快递公司 5~7 元,超出 1 千克的部分每千克需要支付 1~2 元,而驿站实际收取消费者的费用分别为 12 元(1 千克内)、8 元(超出 1 千克后每千克需额外支付的费用),那么,该驿站每代寄一个 1 千克内的包裹,可以赚取 5~7 元的利润;每代寄一个超过 1 千克的包裹,可以赚取 11~14 元的利润。

【创业实践训练 3-5】

快递驿站的包裹收入＝派件收入＋寄件收入

派件收入＝派件单价×派件总量

已知某快递驿站已接入快递的日均派件单量为 600 件,快递员每件支付给驿站 0.35 元的费用;该驿站每天可以收取包裹 15 个左右,费用合计约 250 元,该驿站收取的寄件提成为 50%,请问该驿站每月的包裹收入有多少?

(2) 来自品牌方的其他收入

快递驿站品牌方为增强品牌内涵,提高品牌影响力,除提供基础的包裹操作服务外,通常还会依托快递业务带来的流量经营其他的商业。如表 3-8 所列,以菜鸟驿站为例,快递驿站品牌方统一承接的常见商业活动有平面广告展示、样品派送等,同时,结合驿站的运营情况,品牌方会给予一定的政策补贴或奖励。

表 3-8 菜鸟驿站可获取的来自品牌方的其他收入

类 型		补贴描述
商业活动	平面广告展示	由于快递驿站人流量较大,部分品牌商家会选择快递驿站进行广告投放。驿站品牌方承接该业务后,会根据广告品牌方的要求针对一定区域内的快递驿站投放平面广告,按投放数量和时间付费给驿站,驿站则需要根据官方要求进行布展
	样品派送	品牌商家借助快递驿站进行新品试用装的投放。驿站品牌方根据广告品牌方的要求向一定区域内的快递驿站投放新品试用装,所有物料由活动品牌方统一提供,驿站品牌方负责物料配送和活动要求讲解。快递驿站工作人员向前来取件的消费者讲解活动要求,如扫码关注、短信核验等,根据要求每派送一件样本即可获得相应的佣金。此类活动大多有一定门槛,以菜鸟驿站为例,站点指数高于 80 分的驿站才能报名参加

续表 3-8

类　型	补贴描述
包裹业务	快递驿站品牌方会结合消费者的消费体验、驿站工作人员的运营体验、快递员的使用体验对末端服务系统进行完善和调整,如增加一些新功能、提供一些新服务,品牌方会根据站点的执行落地情况给予相应的奖励
站点指数 (菜鸟驿站)	为提高驿站服务质量,做好品牌打造和输出,菜鸟网络制定了一套由消费者与服务商双元评价的指数考核体系,指数共计100分,凡指数达到一定的分数均可获得不同金额的奖励

(3) 其他商业收入

所谓其他商业是指驿站经营的其他非快递驿站品牌方接入的商业,如商品销售、代驾校招生、代家政服务公司接单、代中央洗衣工厂接单等。详见第5章快递末端增值性服务创业。商业收入以快递驿站与商业合作方的谈判以及具体业绩情况为准。

3.4.5　如何获取快递资源

快递资源是快递驿站的核心资源,如何获取并维护快递资源,是所有快递驿站经营者最关心的问题。

(1) 快递资源找谁

末端的快递资源通常掌握在快递网点或对应区域的快递员手中,因此,对接快递资源可以直接联系负责派送该区域的某快递公司快递员,如该公司采取的模式为直营模式,则需要联系快递员对应的上级老板。

同时,快递驿站品牌方的服务团队往往也拥有比较丰富的当地快递行业社会关系资源,在对接快递资源的过程中可以提供一定的帮助。

【创业实践训练 3-6】

小王想要在某小区开设一家快递驿站,场地已经基本确定,当他联系品牌方申请加盟的时候,品牌方告知他,首先需要与至少2家主流快递公司达成合作意向。

任务1:请你想想办法,帮助他与负责派送该小区包裹的快递员取得联系。

任务2:在与快递员沟通的过程中,哪些是需要重点关注的问题?

(2) 快递资源什么价格最合适

除快递公司设置在各城市的分拨中心、较大的网点外,快递行业的人事关系相对松散,多以承包制的方式运作,不同城市、不同区域、不同快递公司、不同承包区分配给负责末端收派业务的快递员的派费不等,快递驿站能够从快递员手中获取的代派和代收的费用也会有差异。因此,快递资源什么价格最合适,没有一个明确的标准。但在与快递员洽谈价格时,可以参考相邻地区的其他快递驿站与快递员的谈判价格,在谈判的过程中,可以寻求服务商的帮助,也可以寻求与快递员有合作的其他快递驿站的帮助。

当然，由于同一个地区的快递驿站，房租、装修、人员成本等也具有差异，因此驿站创业者也可以综合考虑自己的成本确定快递资源价格。

(3) 费用如何结算

就快递驿站和快递员的合作而言，快递驿站需要支付给快递员代寄件的费用，快递员需要支付给驿站待派件的费用。在对接快递资源的过程中，需要明确费用是日结、周结、月结还是其他方式。由于收派件的数据均具有一定的滞后性，目前市场上的快递驿站费用大多采取月结的方式。在结算日前，快递员无需向快递驿站支付待派件的费用，驿站也无需向快递员支付寄件成本，结算日时，通过计算当月派件成本，减去当月寄件成本，得到快递驿站应获得的收入。因此，为加强双方的合作和彼此的约束力，快递驿站应争取获得代寄件的业务，而非单纯的代派件业务。

【拓展阅读 3-2】

为规避快递驿站和快递员因费用结算产生的矛盾，菜鸟驿站利用平台的方式给快递驿站和快递员进行结算。快递员在菜鸟注册自己的账户并提前充值，绑定相应的驿站，当驿站入库包裹时，快递员的账户即按照约定价格进行相应金额的扣减，此时，费用由菜鸟代管；当该包裹出库时，平台则将代派费用及时划拨到驿站经营者的绑定账户上。

同理，菜鸟驿站可以和快递公司约定寄件成本，如果代寄订单是通过平台下单，当用户在平台支付时，寄件成本及时进入快递员账户，其余费用直接进入驿站账户。

(4) 是否需要和快递员签约

为确保合作的稳定性，快递驿站和快递员往往会签订合作协议，约定合作时间、合作价格、违约责任等，具体合同内容可根据实际情况进行约定。

【创业小贴士 3-6】

快递驿站快递合作协议范本

甲方：＊＊＊＊＊快递公司 ＊＊＊营业点(区域)

乙方：＊＊＊＊＊快递驿站

根据相关法律法规，甲乙双方在平等、自愿、公平的基础上，经友好协商，就乙方为甲方提供快递派发、收寄服务达成以下约定：

第一条 寄存派发快递

甲方将外地投递到本区域的快递按时集中交付乙方寄存，并由乙方派发给收件人。

快递经乙方签收后如出现遗失、损坏等情况，由乙方承担责任；乙方签收前的遗失、损坏，由甲方承担责任，甲方应保证快递物品的完好性，如因物品质量，包括但不限于物品损坏、变质或缺失等导致的所有纠纷均由甲方负责解决。

第二条 收寄快递

甲方将其代理区域内的快递收寄服务交由乙方负责。未经乙方允许,甲方不得在其代理区域内自行收寄快递。

第三条 服务费用及结算

乙方收到甲方寄存的快递并经收件人取件后,即可计算寄存派发费用＊＊元/件,由甲方支付给乙方;对乙方从寄件人处收到并交付甲方寄出的快递,寄递费用按照约定价格收取,由乙方支付给甲方。

甲乙双方于每月＊＊日前结清上月寄存派发费用和寄递费用。

第四条 合同期限

本合同期限自＊＊＊＊年＊＊月＊＊日至＊＊＊＊年＊＊月＊＊日。

第五条 违约责任

如甲方违背诚信原则,擅自撤场,甲方应补足从合同开始至撤场期间所有寄存派发快递的服务费。未经乙方允许,甲方或其继受人在同一区域内,将其代理的快递交由其他机构或个人(含甲方或其继受人)寄存派发的,视为甲方擅自撤场。

任何一方擅自解除合同,应支付违约金＊＊万元。

第六条 权利义务的转让

一方将合同权利义务转让给第三人的,第三人应无条件接受本合同约束。

第七条 合同的终止

倘若发生以下情况中的任何一项可终止本合同。

7.1 双方协商一致同意。

7.2 合同期满。

在合同履行过程中,如发生争议,甲乙双方应协商解决;协议不成的,可向所在地人民法院起诉。本合同一式两份,自双方签字后生效。

甲方:　　　　　　　　　　　　乙方:

时间:　　　　　　　　　　　　时间:

3.4.6　快递临时终止合作如何应对

当快递临时终止合作时,给快递驿站带来的冲击首先是包裹代派收入的降低,如果快递驿站还叠加了其他附加商业,因人流量的减少也会给驿站的经营带来不良影响。终止合作的快递在合作快递中占据的业务比重越大,给驿站带来的影响也越大。

当遇到此类情况时,快递驿站应第一时间联系快递员,了解其终止合作的主要原因。通常情况下,快递员选择终止与快递驿站合作的原因主要包括价格、服务、关系三大类。

其中,因价格因素带来的终止合作往往是临近区域的其他驿站给出了低于目前合作的代派件价格,这种情况对合作关系比较松散的快递具有极大的吸引力,如目前驿站的代派件价格是0.35元/件,其他快递驿站的价格是0.3元/件,如果快递员选择与新驿站合作,每 100 件包裹则可以降低 5 元成本。对于因价格原因导致的临时终止合作,驿站应以自己提供的服务质量、辐射服务区域的地理优势、顾客的消费习惯等作为主要切入点,与快递公司(快递员)进行再次谈判和商议,力争挽回。同时,告知快递员价格降低和新驿站服务带来的客户投诉、入库率、签收率等方面的风险;如同等价格实在无法挽回,在不影响驿站整体运营的情况下,可以尝试在短期内降低合作价格,以应对竞争对手的价格战。

因服务因素带来的终止合作则主要来源于服务质量方面,如驿站工作人员的服务态度、取件的等待时间、驿站的营业时间等,这些因素均可能导致合作快递遭到投诉,进而影响快递员利益。对于此类原因,快递驿站应主动反思服务中存在的问题,改进服务质量,提高服务效率,主动思考附加服务和增值服务,确保不损害快递员利益,以挽回合作。

由于快递驿站和快递员的关系相对松散,没有较强的约束机制,因此,在合作价格相当的情况下,快递员会考虑快递驿站处理包裹的数量扩张性,如驿站是否能够应对因电商活动时期派件量激增而带来的包裹存放、包裹代派等一系列问题。同时,快递驿站经营者的稳定性、工作人员的稳定性、快递驿站与快递员日常关系的维护情况等也是快递员考虑的重要因素。

总之,在面对合作快递临时终止合作时,驿站经营者应积极、主动与快递公司(快递员)接洽,寻找原因,互相妥协,寻求解决方案,重新达成合作意愿;如果确实无法达成一致,则应立即联系其他的未合作的快递,通过新合作提高收入,弥补原有合作快递终止合作带来的损失,力争利润不受影响;当然,若短期内无法获得新的合作,可以充分发挥快递驿站的人流量大优势,尝试接入其他的低成本(或无成本)商业。

3.4.7　旺季爆仓如何处理应对

爆仓是每个快递驿站都可能面临的风险,通常出现在电商平台活动促销的时期,快递日单量是平时的数倍。由于快递驿站的可处理包裹日单量受场地、人工的限制而相对固定,当待派件数量激增时,若可处理包裹量低于当日入库量,则会引发爆仓。

【拓展阅读 3-3】

"双十一"快递迎高峰　单日最大投递量达 25 万件

11 月 11 日上午 7 点 30 分,在市邮政分公司邮件处理中心,3 辆快递车到达后,所有邮件包裹依次被搬上传送带。传送带入口处,一台消杀喷雾设备正在工作,对下方经过的快件逐一消杀。传送带两侧,工作人员飞快地进行分拣,按照不同区域将包裹归集。

"这几天仅进口包裹平均每天有 15 000 件左右,往后几天会逐渐达到高峰,预计最多时候每天派送能达到 32 000 件"市邮政分公司城区营投部经理陈毅兵说道,公司目前平均每天接收快递车辆 2 辆,之后可能出现一天接收 6 辆快递车的情况,公还组建党员突击队、志愿者团队等专班到一线，一般两小时内分拣完毕，之后立即进行派送。

在国宾府繁华里菜鸟驿站，店主孙斌正对送达的各家快递进行分拣，据他介绍，"双十一"期间菜鸟驿站收货量较平常多出1~1.5倍，驿站已将下班时间延长1小时，方便市民领取快件。

据市邮政管理局数据统计，今年旺季以来，全市快递业务量达174.8万件，投递量达176.7万件，截至11月11日，快递业务处理量突破400万，同比增长超过20%，约为平常时期的3倍。单日最高峰值业务量达23万件，投递量达25万件。

(资料来源：《东台日报》)

为应对爆仓，快递驿站应提前与快递员沟通，预估派件单量增大的比例以及峰值到来的时间，提前做好场地预案和人员预案。在场地方面，往往选择优化店铺布局、增加货架数量，充分利用店铺外摆空间搭建雨棚、借用相邻店铺场地等方式进行解决；在人员方面，可提前联系好有一定工作经验的兼职，根据驿站的不同服务场景，校园驿站可招聘全天兼职，社区驿站的兼职人员按照时薪进行支付，所有人员统一提前培训，确保按时到岗，兼职人员的数量根据驿站的日处理单量确定，当然，为规避兼职人员业务不熟悉、责任心不够、服务态度不好等带来的后续问题，驿站可与兼职人员签订相关协议，明确责任和权利。

3.4.8 快件遗失如何处理

快件丢失属于异常件的一种，表3-4已进行简单介绍。对于快递驿站而言，快件遗失和常见处理方式通常包括以下情景：

(1) 快件已到驿站，未入库

此类情况遗失的通常是体积较小的包裹，如手机壳、文件等，常见原因是在进行分类上架的过程中掉在了不容易被发现的货架缝隙、墙角等处，或者运送过程中掉在运输车辆上。因此，发现后快递驿站和快递员双方应及时查找，如确已无法找回，应及时联系客户协商赔偿。

(2) 快件已到驿站，已入库

a. 已入库，未出库

包裹信息在库，但无法找到的原因有可能是没有实时操作出库更新包裹信息导致。首先需要跟客户确认包裹物品信息，是否取走，如客户未取走，对应的编码却找不到该包裹，或者包裹信息不对时，应排查对应编号附近的包裹是否有需查找的包裹，排除入库信息错误；如找寻不到，则在对应的货架其他位置或者角落查找；以上仍未找到包裹则按遗失处理，及时联系客户协商赔偿，避免不必要的投诉。

b. 已入库，已出库

当收件人取件提供单号但包裹显示已出库时，首先排除在日常盘库或者取件时，是否存在对在库包裹误操作出库的情况,及时查看对应位置这个包裹是否还在原处。如确认不在,应及时调取系统信息,确认出库时间、电子签名、云监控,查看是否为客户本人取走包裹,如为错领,应及时联系取件人请求确认包裹信息并送回即可;如情况为冒领,在协调处理无果且金额较大的情况下,建议报警处理。

3.4.9 驿站如何做好特殊时期的卫生工作和防护工作

在具有传染性的流行性疾病高发季节,快递驿站工作人员应根据卫生部门的要求做好卫生工作和防护工作。如员工个人勤洗手、每天着工作装、佩戴口罩;店内每日定时对场地和入库包裹进行全面消杀;在必要时,实行半封闭式管理,采取无接触入库、取件、寄件的方式,客户和快递员均禁止进店,到店包裹和取件包裹均在指定地方进行零接触交接,所有到店人员必须扫描场所码或采取其他方式进行登记。

课后习题

1. 请简述申请菜鸟驿站的基本条件。
2. 请简述快递驿站创业所需要的核心资源。
3. 请简述快递驿站装修的注意事项。
4. 请简述如何提高快件入库的效率。
5. 请简述如何降低快递丢件的概率。

项目 4　快件箱创业

项目概要

智能快件箱是我国城市快递末端服务的重要组成部分。快件箱创业的主要形式包括场地租借、快件箱加盟、快件箱＋其他社区服务三大类。

可根据创业类型确定快件箱品牌；选择安放位置时，应将快递员的需求放在第一位，同时考虑客户取件的便利性。快件箱的主要盈利来源包括派件收入、揽件收入、广告收入、寄存收入以及其他商业收入。

教学目标

知识目标

- 了解当前主流的快件箱品牌；
- 了解快件箱创业的主要形式。

能力目标

- 能够掌握获取快件箱品牌信息的渠道；
- 能够搜集、甄别、筛选最符合自身条件的快件箱品牌；
- 能够操作快件箱的常见设备和服务系统；
- 能够通过合法渠道获取快递资源；
- 能够维护快件箱。

素质目标

- 尊重劳动、热爱劳动，建立正确的劳动观念，坚定平凡岗位也能做出不平凡成绩的认识；
- 树立诚实守信、服务群众、服务社会的经营理念；
- 主动学习、与时俱进。

教学重难点

教学重点

- 科学预估快件箱创业的启动资金；
- 准确计算快件箱的盈利；
- 合理选择快件箱的位置。

☞ **教学难点**

- 获取与维护快递资源。

任务 4.1 快件箱创业的主要形式

【拓展阅读 4-1】

2010 年中国邮政铺设了第一个快件箱。由于快件箱具有 24 小时随取随放、距离客户较近、操作便捷等众多优点，故得到了快速应用和推广。2014 年，全国智能快件箱组数为 1.5 万，2015 年增长到 6 万，2019 年达到了 40.6 万，5 年平均复合增长率达到了 93%。

经过十几年的发展，智能快件箱已经形成以电商平台、快递公司和第三方运营商为主的三方格局。自建智能快件箱的电商企业代表有京东、苏宁、菜鸟电商系；快递公司运营智能快件箱的代表有顺丰控股的丰巢；第三方快件箱运营管理公司代表有瑞丰智柜、江苏云柜、日日顺、1号柜等，平台品牌很多，主要集中在细分市场和本地市场。

（资料来源：王云，郑婷婷. 智能快件箱行业现状调查与分析[J]. 特区经济，2022(5)）

《智能快件箱寄递服务管理办法》解读

国家邮政局于 2017 年 5 月启动《智能快件箱寄递服务管理办法》的制定工作，先后多次组织企业座谈、实地调研、专家研讨，并在起草过程中充分征求了相关企业、协会的意见和建议。2018 年 1 月，《智能快件箱寄递服务管理办法（征求意见稿）》公开征求意见。2019 年 6 月 20 日，交通运输部公布了《智能快件箱寄递服务管理办法》（下称《办法》），主要内容包括：

一是包容相关企业共同发展。《办法》根据企业从事的服务环节，将提供智能快件箱寄递服务的企业细化为智能快件箱运营企业、智能快件箱使用企业，要求运营企业和使用企业具备与快件收寄、投递业务相适应的服务能力。规定运营企业、使用企业符合快递业务经营许可条件的，按照有关规定申请快递业务经营许可。

二是保护快递用户合法权益。《办法》规定了收件人的相关权利，以及智能快件箱运营企业、使用企业的相关义务。要求企业使用智能快件箱投递快件应征得收件人同意，投递快件后应及时通知收件人。

三是规范智能快件箱寄递服务。《办法》明确了智能快件箱设置要求，要求智能快件箱运营企业为实名收寄以及验收、拒收快件提供技术条件和技术服务。进一步明确了智能快件箱使用要求，规定智能快件箱使用企业建立管理制度，明确收寄验视、实名收寄、服务时限、服务质量等事项，并规定了运营企业、使用企业不得通过智能快件箱接收交寄物品和投递快件的具体情形。

四是保障智能快件箱寄递安全。《办法》紧密衔接收寄验视、实名收寄、过机安检三项制度。明确了企业在监控设备安装、寄件人身份查验、物品信息登记等方面的主体责任。细化了邮政管理部门的监督管理职责,并对企业违反相关规定的行为设置了相应法律责任。

(资料来源:交通运输部官网)

厦门发布物流新规划 智能快件箱分布将"每千人一台"

我市将在区域设施不完善的地方配备更多智能快件箱,解决城市配送"最后100米"难题。近日,记者从市邮政管理局获悉,《厦门市物流专项规划(2020—2035年)》(以下简称《规划》)颁布,提出将按每千人一台完善智能快件箱配备。

《规划》提出,2035年全市物流用地总规模应为 $11.74\sim17.62\ km^2$。规划的物流用地重点引进采购贸易、物流分拨、区域总部等大型物流综合体项目,吸引人流、物流和资金流集聚。

此外,《规划》还提出,末端配送布局涵盖社区终端配送站和终端智能柜两种类型。重点推进落实新建公共建筑、住宅区、商业楼宇以及其他有条件的区域,将智能快件箱的设置纳入社区服务基础设施,将特别考虑在区域设施不完善的地方重点配备更多智能柜,同步规划、同步配备,按每千人一台,重点解决城市配送"最后100米"难题。

下一步,市邮政管理局将积极对接相关部门,共同推动《规划》落地实施,大力引导邮政快递企业依托厦门区位优势和良好营商环境,不断扩大产业规模,发挥集聚效应,通过自动化、智能化等新技术、新业态,促进产业加速转型升级。

(资料来源:厦门网)

思考:
1. 《智能快件箱寄递服务管理办法》出台的背景是什么,其为快递行业的发展带来了哪些影响?
2. 请你谈谈智能快件箱未来的发展趋势。

4.1.1 智能快件箱的发展历史

智能快件箱是一种联网的储物装备,由储物终端与平台管理系统两部分组成,具备智能存件、智能取件、远程监控、信息管理、信息发布等功能(如图4-1所示),它将快递公司、收件方、管理方等相关方无缝衔接,因其具有时间配置灵活、时效性好、私密性强等特点,逐步发展成为我国城市快递末端服务的重要组成部分。

快件箱进入市场初期,存在寄递流程较为复杂、操作环节较多、相关主体责任划分不明、收投服务不规范、用户权益难保障、存在一定安全隐患等问题。自2019年6月交通运输部公布《智能快件箱寄递服务管理办法》以来,快件箱寄递服务不断规范,快递公司和消费者的接受度也越来越高。发展至今,智能快件箱的功能已扩展至广告宣传、生活服务等领域。

图 4-1 丰巢快件收发系统

4.1.2 快件箱创业的主要形式

快件箱创业的主要形式包括场地租借、快件箱加盟、快件箱附加商业三大类。

(1) 场地租借

智能快件箱是解决快递"最后一公里"问题的重要途径,通常设置在快递驿站门店或门店周围、小区门口或内部、写字楼大厅等人流量较大、消费者容易到达的地方。此类场地通过对接快递驿站和小区、写字楼物业管理方(业委会)可获取。

创业者如果在相关区域拥有自有场地,可以将场地租借给快件箱品牌方或快件箱运营者,收取一定金额的租金、电费;如果创业者与某区域的快递驿站品牌方、物业管理公司或部分小区的业委会有良好的关系,可以较低的价格获得大量的场地资源,并转租给相关需求方,或帮助需求方直接对接场地经营者,从中获取一定金额的报酬。

此类创业形式的成本很低,甚至为0,但是对创业者个人的社会关系和商业对接能力有较高要求,同时,创业者应了解市场状况和发展态势,才能在商业谈判中获得对自己最有利的结果。

(2) 快件箱加盟

快件箱加盟是创业者自己购置并经营快件箱的创业形式。首先,创业者应拥有适合安装快件箱的场地,结合自己拟对接的快递资源,提前结合场地合理规划快件箱类型、组数,并考虑场地硬化、接电等事宜;接下来,了解各大快件箱品牌的优势、劣势、价格,并进行综合评价。

快件箱包括主柜和副柜,主柜价格为 8 000 元左右,副柜价格为 3 000～5 000 元。以丰巢为例,一套标准柜包括 1 件主柜和 4 件副柜(高度 2.1 米×宽度 4.5 米×深度 0.5 米,占地面积 2.25 平方米),分大、中、小三种格口(如图 4-2 所示),共 84 格,两侧副柜可拓展、可增加。快递员每使用一个格口,将支付给快件箱所有者 0.2～0.3 元的使用费,快件箱所有者将支付给快件箱品牌方 0.05 元的服务费(含短信费),中间的差值即为盈利。

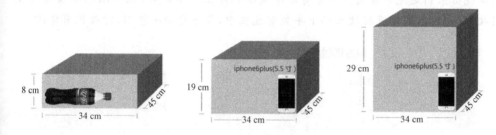

图 4-2　丰巢快件箱的三种型号格口

(3) 快件箱附加商业

由于快件箱能够吸引较大人流,可依托该业务开展社区团购、干洗、外卖等业务。首先,通过与快件箱辐射区域内的社区团购品牌(如美团优选、淘菜菜等)合作,申请成为社区团购的提货点,可获取一定比例的合作提成;如快件箱设置在不允许进入的写字楼或小区,也可以设置专门的外卖柜,吸引外卖员将外卖通过柜子进行无接触配送;同时,如果能够与干洗工厂等达成合作,也能利用柜子提供干洗业务下单、取货服务。其次,充分利用快件箱自有资源开展柜体广告、公众号广告、小程序广告等业务,这也是重要的盈利方式。

【案例分析 4-1】

丰巢跨界,抢占洗衣市场!

近日记者获悉,丰巢网络智能柜宣布正式将洗衣业务从深圳试点推向全国,吹响了抢占社区流量的号角。

据介绍,干洗目前已逐步成为大众青睐的生活服务之一。据行业预测报告显示,干洗行业的市场规模已经达到千亿级别,且在以 30% 的速度增长,我国 14 亿人口中,有近五分之一的人群存在洗涤服务和衣物保养需要,干洗行业也因市场缺口巨大,成为极具发展潜力的朝阳行业。

而据国家邮政局公布的相关数据显示,2021 年智能快件箱投递率达到 10% 以上,格口使用率依然有提升空间,在非物流高峰期,部分格口存在一定的空置。丰巢通过新增的洗衣业务,一定程度上可以提高空置格口的使用率,让资源得以最大化利用。长期来看,当用户流量到达一定积累,或将实现整体的降本增效,为创造盈利提供新的可能。

广阔的社区干洗市场和智能快递柜的巨大发展潜力"一拍即合",丰巢网络智能柜作为行业头部企业,抓住市场契机推出了洗衣业务。丰巢充分运用了贴近社区的位置优势以及大量线上用户的积累,开拓了全新的洗衣服务模式,为用户提供了更多选择。

丰巢洗衣业务包括衣物、鞋靴的通用洗护,干洗、水洗等专业分类洗护,依照衣物的水洗标来制定洗护方案。消费者在丰巢小程序上下单洗衣,既可以选择快递员上门收取,也可以选择直接放入楼下丰巢智能柜中,并享受顺丰包邮,时效性有保障。

(资料来源:中国邮政快递报社网站)

思考:快件箱还能和其他商业结合吗?

任务 4.2 快件箱创业的常见问题及解惑

4.2.1 如何选择快件箱品牌

2019年10月1日,《智能快件箱寄递服务管理办法》(下称《办法》)开始实施,对快递员投放行为、收件人验收、设备故障处理等方面做出进一步规定,但快递配送末端的消费乱象仍频频出现:快递员未经询问直接将快件放置在快件箱成常态,一些快件箱通过缩短免费保管时长进而变相收费,有多种选择的情况下快递仍被放进需要收费的快件箱。

目前市场上常见的快件箱品牌有易邮柜、丰巢、菜鸟驿站、京东自提柜、心甜、近邻宝等,如表4-1所列。如图4-3和图4-4所示,各大品牌的快件箱从外观上没有明显差异,柜体材料、功能、尺寸等基本接近。

表4-1 目前市场上常见的快件箱品牌

品牌名称	投资方	品牌成立时间
易邮柜	中国邮政集团有限公司	2017年
丰巢	顺丰速运有限公司	2015年
菜鸟驿站	浙江菜鸟供应链有限公司	2017年

续表 4-1

品牌名称	投资方	品牌成立时间
京东自提柜	北京京东世纪贸易有限公司	2015 年
心甜	郑州欣意无限信息技术有限公司	2017 年
近邻宝	中科富创北京科技有限公司	2009 年
蜜罐	上海韵达货运有限公司	2018 年
格格	南京魔格信息科技有限公司	2012 年

图 4-3 丰巢快件箱

图 4-4 近邻宝快件箱

如创业项目为场地租借,选择租金价格最高的品牌方即可。菜鸟驿站、易邮柜目前采用服务商制,服务商作为丙方与甲方物业进行商务沟通,最终达成的场地年费(含电费)价格与总部年费价格之间的差价即为服务商的利润,因此,在场地的租借价格上有一定的谈判空间。

如布柜目标小区无物理空间供人工值守的快递驿站生存,柜子可独家进入,在选择快件箱品牌时须选择可自主制定投放价格的品牌,如心甜、格格、近邻宝、蜜罐等小品牌,因品牌方收取的服务费没有显著差异,重点对比柜体成本即可。如须多业态结合,如出资者有其他业务须基于取件人流进行线上营销,就应选择 SAS 自定义空间的品牌,如格格、心甜、近邻宝。同时,在选择品牌方的同时,综合对比柜体功能、成本、管理费、潜在加盟费,在此基础上做出最符合自身需求的选择。

4.2.2 快件箱适合安置在什么地方

快件箱的服务群体包括快递员和取件用户,由于投放主导权主要取决于快递员,因此,快件箱在选择位置时应将快递员的需求放在第一位。

【创业小贴士 4-1】

快件箱选址的注意事项

1. 小区出入口 20 米内最佳,如有多个出入口,无交通管制、方便三轮车进出的的出入口为佳。
2. 靠近小区门口的楼栋、硬化场地、顶部有遮挡物为佳。
3. 小区中庭、取电方便、硬化场地为佳。
4. 物业办公室旁、有顶部遮挡物为佳。
5. 原则上不考虑地下室,但地下室如已有同行,也可选。

4.2.3 快件箱的盈利来源有哪些

快件箱的主要盈利来源包括派件收入、揽件收入、广告收入、寄存收入以及其他商业收入。其中,派件收入是指快递员将快件存放在快件箱,由系统自动向消费者发送取件码,消费者自主取件,因此向快件箱经营者支付一定成本而产生的;揽件收入是指消费者在具备揽件功能的快件箱自主寄件而分配给快件箱经营者的寄件费用;广告收入是快件箱经营者利用主柜的多功能屏幕滚动显示所有消费者都能看到的广告位帮助其他商业主体进行广告推送,以及利用箱体粘贴纸质广告、利用微信公众号或小程序的页面进行广告投放而获得的;寄存收入是消费者未在设置的免费时间内取走包裹而需要额外支付寄存费用;其他商业收入来自快件箱经营者额外经营干洗、外卖、社区团购等业务。

【拓展阅读 4-2】

"吃撑"了! 济南智能快件箱被"疯抢",快递小哥半夜抢塞

"双十一"过去一周,济南各小区的智能快件箱还是被"疯抢"。11月15日凌晨1点多,中通的快递员小李还在往快件箱里塞快件,每用一个格口,他需要支付两毛钱。"半夜和清晨还能有空的格口,来晚了就没了。"小李一天累计用了100多个格口,花了20多元钱。他希望能有更多的快件箱可以用,因为如果自己挨家挨户送,显然不符合"后双十一"期间唯快不破的法则。

使用率是平时的220%,快件箱运营方终于赚钱了。早晨6点多,小李再次来到世纪佳园小区的快件箱前,他只睡了4个小时,"还有一堆快递等着送"。疲惫不堪的他只希望大家快点拿走快递,腾出空格口来。"这两天全济南市,甚至全国的快件箱都不够用。"省快递协会的一位负责人告诉记者,从12日开始,几乎所有的快件箱使用率都翻了一番。"从13日开始,部分快件箱的使用率达到了220%。"中邮速递易山东区域的相关负责人告诉记者,以盛世花城小区为例,中邮速递易8月份在小区内安装了141个格口的快件箱,当时使用率是90%左右。而"双十一"之后的几天里,一组柜子平均每天处理300多个件。"之前从来没有这么高的使用率。"对于智能快件箱运营方来说,这两天他们终于赚到了钱。

"当快件箱一天的使用能到130~140次的时候,差不多能收支平衡。"省快递协会这位负责人说,"快件箱的淡旺季就跟'双十一'一样。"以一组141个格口的快件箱为例,按照一个格口两毛钱来计算,使用率达到100%,也就是141次/天,收入为

28.2元,收支平衡。但平时的使用率以90%来计算,收入仅为25元/天。这意味着,除却旺季,每组快件箱每天至少要赔3元左右。

(资料来源:《济南时报》)

课后习题

1. 请简述在快件箱创业中如何选择合适的快件箱品牌?
2. 快件箱投放在哪些区域比较合适?
3. 请简述如何提高快件箱创业项目的收入以实现长期盈利?

项目 5　快递末端增值性服务创业

项目概要

快递末端增值性服务创业是指围绕快递配送最后环节,通过提供增值性服务创造更高的价值而衍生出的新的创业项目。

社区团购是社区内居民团体的一种互联网线上线下购物消费行为,是依托真实社区的一种区域化、小众化、本地化、网络化的团购形式。它是依托社区和团长社交关系实现生鲜商品流通的新零售模式。社群规模、社群运营、选品是快递+社区团购的创业难点。

快递+地推通常依托快递网点,在网点拉横幅、放海报、宣传单和小礼品,进行产品或服务宣传。业务持续性较差、资质审核难、履约风险高是快递+地推的创业难点。

快递+便利店是快递网点与便利店结合的一种模式,可满足社区百姓的生活需求。选址难、资金需求大是快递便利店的创业难点。

跑腿是指当事人不愿意或者没有精力去办一些事情或解决某些问题时,需要交由其他人代处理。快递员职业的特殊性可通过提供跑腿服务创造价值。挖掘跑腿需求是快递+跑腿的创业难点。

教学目标

知识目标

- 熟悉快递末端增值性服务创业的概念;
- 掌握快递+社区团购的业务模式;
- 熟悉快递+地推、快递+便利店、快递+跑腿的业务模式;
- 了解各快递末端增值性服务创业的难点。

能力目标

- 充分理解快递末端增值性服务创业的内涵;
- 熟悉各快递末端增值性服务创业形式。

素质目标

- 提升创业风险意识;
- 培养创业实践能力。

教学重难点

教学重点

- 快递+社区团购的业务模式;

- 快递＋便利店的经营模式。

☞ **教学难点**

- 快递＋社区团购的业务流程；
- 快递＋跑腿的业务模式。

快递末端是快递配送直接连接消费者的最后环节。快递末端配送的要素包含快递站点、配送区域、区域配送点、配送路径、快递配送员等。快递末端增值性创业是指围绕快递配送的最后环节，通过提供增值性服务创造更高的价值而衍生新的创业项目。

任务 5.1　快递＋社区团购

【拓展阅读 5-1】

快递企业闯荡社区团购"江湖"

一、申通试水网格仓

申通已经和盒马在湖南、湖北开始合作网格仓业务，双方合作的模式是盒马与申通快递网点共建网格仓，申通快递作为代运营方，提供网格仓资源和配送服务。通过与盒马的合作，申通快递希望孵化新一代短链配送能力，转变配送模式，满足社区团购、C2M 等创业业务的需求。

以社区团购为例，其市场规模已经突破千亿元，社区团购对于物流的要求也发生了极大的变化，从包裹演变为 SKU 颗粒度。由于新零售发展呈现"短链化、近场化"的趋势，贴近消费者、小区服务。新零售电商供应链也会随之变化，会衍生新的电商供应链，短链配送会成为新的快递场景，出现较大成长空间。为了抓住新零售的机会，快递企业需要更贴近电商供应链演进的打法，需要搭建相应的能力。而对于申通而言，网格仓是传统仓内模式的缩小版，与申通原有能力相对匹配。申通快递在网格仓业务试水，也在和业界其他社区团购品牌进行洽谈。

二、丰巢上线"巢鲜厨"

其实丰巢并非新手玩家，上线"巢鲜厨"之前，丰巢曾涉水社区团购。此前，丰巢特惠商城推出"丰巢拼团"项目。"丰巢拼团"设置凑够两人成团才能购买商品的玩法。其中，拼团产品以生鲜为主，不同于多数社区团购平台"少量低价"销售生鲜的打法，"丰巢拼团"生鲜产品以 5 斤左右的大份量销售。从"巢鲜厨"小程序来看，平台上产品种类丰富，不仅有水果、蔬菜、水产冻品等常规商品，还有早餐面点、美妆产品、快手菜等产品。其中，蔬菜、水果以时令性产品为主，上架产品数量有限。水果专区中，有智利葡萄、泰国龙眼、菠萝蜜等，产品高端，与顺丰社区团购项目"丰伙台"水果品类定位相似。

三、快递做社区团购有何捷径？

除了丰巢，不少快递业玩家也已下场。顺丰推出社区团购平台"丰伙台"从B、C两端入手，一边打通产地和社区店，一边采取产地直发、商品直接送至消费者。菜鸟驿站联合旗下众多小店，上线"驿发购"小程序。"四通一达"不仅成为阿里系社区团购企业物流运输的有力工具，快递点更是成为各大平台商品自提点，成为团购业务前沿阵地。

快递企业物流运输实力强、仓库建设完善、分拣水平高效，后端可由快递点当自提点，由快递员做团长。对快递玩家来说，社区团购建设成本偏低，服务网络可迅速搭建。更重要的是，它们不仅具备丰富的供应商资源，还具备天然、庞大的流量池，相较于其他跨界者来说，发展条件更为优越。

(资料来源：和讯网)

5.1.1 快递＋社区团购

(1) 社区团购的概念及业务流程

a. 社区团购的概念

社区团购又称社区拼团、社区新零售，社区团购是涌现出的一个新型电商模式，它通过线上平台，让住在同一社区、共享物流等配送资源的消费者能够进行订单合并，从而达到购买商品更便宜的效果。社区团购是社区内居民团体的一种互联网线上线下购物消费行为，是依托真实社区的一种区域化、小众化、本地化、网络化的团购形式。它是依托社区和团长社交关系实现生鲜商品流通的新零售模式。消费者只需要在APP或者小程序上下单，便可享受到每日新鲜的商品送货上门的便利。社区团购是电子商务对线下实体零售业态的又一次深度融合。

随着生鲜新零售的发展，各电商对物流短链的需求激增，且其覆盖"最后一公里"的特性也愈发重要。各快递末端连接着数量众多的消费者。快递＋社区团购就是在快递末端提供快递服务的同时增加团购服务，以此来创造价值。

b. 社区团购的业务流程

社区团购的业务流程如下：

① 团长自建社群，分享高性价比的商品链接；
② 群内用户在特定时间点前，单击商品链接或直接通过平台小程序下单，选择自提点；
③ 平台当天收集完订单后，调动供应链系统，第二天由仓库将货发送至自提点；
④ 用户到自提点提货。

总之，从用户端来看，社区团购是"社群预售＋次日门店自提"的零售模式；从平台角度来看，这是以销定采的高效模型，并且通过集中化的末端配送减小损耗，让利消费者。社区团购业务流程见图5-1。

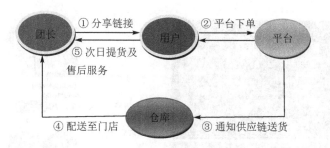

图 5-1 社区团购业务流程

(2) 社区团购仓配模式

社区团购采用的是多级仓配模式,末端依靠"网格仓+门店"模式。"网格仓+门店"模式可以视为一种加盟式的前置仓。社区团购仓配模式示意图如图 5-2 所示。在每个地区,平台方会搭建一个中心仓和多个共享仓。大部分供应商会在中心仓附近建仓租仓,方便给中心仓供货,也有部分商品(如蔬菜)会首先供货到共享仓进行加工分装,然后由平台方自建运力拉到中心仓。每天或每批团品截单后,中心仓会开始按用户所在区域进行整体分拣,并经货运配送到网格仓。网格仓一般都是加盟制,商品在这里完成订单分拣和打包,配送到网格仓负责的各个门店,平台向加盟方支付每单履约费用。门店在收到货品后将其暂存,部分需要冷藏,然后由团长通知用户前来取货、核销提货码,最终完成订单交割,获得佣金。

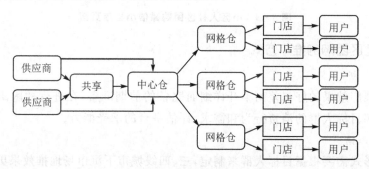

图 5-2 社区团购仓配模式示意图

社区团购仓配模式和每日优鲜、叮咚买菜等前置仓模式生鲜电商是有区别的,在这些生鲜电商平台,用户下单后 30 分钟左右就能送货上门,但是这样的履约成本可能是高昂的,因为这意味着它们需要在靠近消费者的一端部署一定密度的前置仓,并且提前备好这些生鲜库存,以便快速响应用户订单。社区团购则通过集中化的末端配送降低了这部分履约成本,所以社区团购更适合生活节奏慢一些的二三线或更下沉的城市,前置仓模式则更适合一线城市,有一定的人口、订单密度。小区人社区团购微信小程序页面如图 5-3 所示。

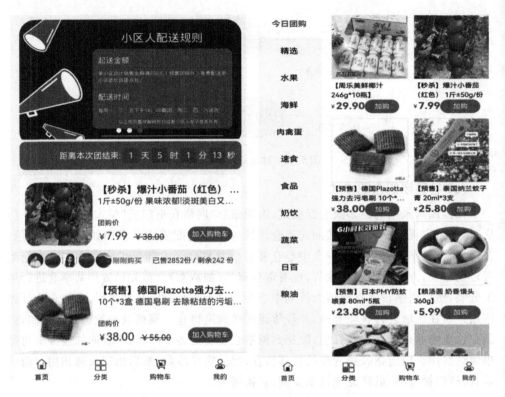

图 5-3 小区人社区团购微信小程序页面

(3) 社区团购的推广方式

a. 分析

营销推广效果的好与差离不开详细而完备的前期准备,在进行社区团购推广之前需要了解目标人群的消费行为和需求,评估平台的承受能力。

b. 营销

营销形式需要根据目标人群来制定,三、四线城市下沉市场地推效果更好,一、二线城市则更适合线上推广。线下地推有助于打消用户顾虑,效果更加明显。线上广告传播范围更广,也能更好的传递团购理念。但无论线上线下活动营销,如0元购、新人优惠都可以,营销效果取决于让利程度。

c. 裂变

规模性是快递网点社区团购盈利的基础,裂变是效率最高的扩张方式。其中团长裂变带来的收益更加明显,一个优秀的团长不仅能带来可观的新增用户,也是拼团业绩的担当。但无论是用户还是团长,成功的裂变总是由利益驱动的,如推荐团长得奖金、邀请新用户得券等。此外,形式也至关重要,如拼团、砍价、分享得券都是自带裂变属性的营销活动,借助社群传播往往能快速获得新用户。

【创业实践训练 5-1】

社区团购运营现状调查

任务要求:通过线下走访或线上调查的方式,了解快递服务网点社区团购业务运营状况,并对未来社区团购业务模式优化提出建议,最后形成调查分析报告。

1. 分组:分小组进行,每小组 5～10 人,组长进行合理分工。
2. 实践期限:1 周内完成,包括确定成员、成员分工、实施调查、撰写报告等。
3. 考核要求:分享展示实践过程和实践成果。

5.1.2 社区团购的创业难点

(1) 社群规模

社群规模是社区团购的难点,当社群粉丝量增长到一定程度之后,社群规模再增加较难,甚至可能出现下滑的状况。这就需要社区团购创业者通过合理的手段挖掘新用户。如通过地推扫码进群送礼品、1 分钱买鸡蛋等,增加用户数量。此外,还可选择驿站客户内部转化的形式,如客户拉人进群获取奖励等。

(2) 社群运营

当社群用户量达到一定规模后,如何运营社群就很重要,也就是如何提升用户的购买力,提升客户转化率,获得丰厚的佣金。通常,社区团购创业者在进行社群运营时,常采用发红包、优惠券、内容互动等营销方式,促进客户下单,提升销量。此外,提高售后服务水平也是社群运营的重要工作,通过优质的售后服务,提高客户满意度,提升用户黏性。

(3) 选品

选品对社区团购也很重要,创业者可以进行主动选品,提升社区团购服务能力,通过设置用户调查问卷,不定期进行用户调研,获取客户对商品的个性化偏好,以满足客户特定需求,通过复盘、试错、时间沉淀等过程,不断调整商品结构,为客户争取质优价廉的商品,并积极优化供应链服务,提升客户满意度。

任务 5.2 快递+地推

【拓展阅读 5-2】

地推的起源、发展历程及未来

地推的起源:吴炳新公司的"三株口服液"采用"地毯式销售",其广告印刷在农村的大街小巷。金山公司在2003年为推广其旗下游戏在众多城市采取大规模市场推广活动,"地推"一词由此诞生。

地推的发展历程:早期阿里的业务通过"驻地＋陌拜"的形式进行推销。在2007年,地推在网游行业达到顶峰,诸如盛大、巨人网络公司都在大规模使用地推。而后地推行业由盛转衰,直至美团、饿了么、滴滴打车等APP崛起,地推"风云再起"。

地推的未来:地推行业需求量大、行业门槛低、工作时间自由并且收入也相当可观。对于个人来说是个不错的就业选择。地推对于企业来说,它的真正意义是对品牌的宣传、加深用户对品牌的印象。而地推所达到的流量影响,对于社会而言,既拉动了社会生产力,又实现了资源的整合以及资本的创造。所以说,地推的未来还是值得期待的。

(资料来源:网易(节选))

5.2.1 快递＋地推概述

(1) 地　推

地推,简单来说,就是地面推广的意思,比如在大街发传单、推销产品、推销服务等都是地推。地推主要是宣传品牌,加深用户对品牌的印象。地推的未来是值得期待的。无论是新店开业还是推出新产品都需要推广。地推发展至今,其重要作用不容忽视。地推的目标群体更精准、客户数据更真实、可操作门槛低,地推使营销消息传递更加精准。

(2) 快递＋地推的业务形式

当前,以地推、配送员为主体的线下群体,逐渐成长为互联网企业的中坚力量。O2O发展到今天,同质化越来越严重,要想凸显差异化优势,其根源就在于线下资源。通常,快递＋地推业务形式有以下几种:

① 利用网点推广。如通过播放宣传视频、平面展示(如海报、传单)等方式,给上门的客户推广产品或服务,获取丰厚的佣金。

② 利用软件推广。如利用"U客直谈"软件进行推广,通过专人引导,以免费抽盲盒的形式吸引客户下载软件,从中赚取较高的拉新佣金。

③ 互助推广。有着相似消费群体的行业互相合作推广,如美甲店和美容店合作推广,加油站和洗车店合作推广,通过彼此发放推广单的形式拓展客户,这样既降低了成本又提高了效率。

因此,快递＋地推通常依托快递网点,在网点拉横幅,放海报、宣传单和小礼品,进行产品或服务宣传。一般,在宣传单上印上二维码,客户自主扫码进群,领取奖励,也可以直接让客户当场扫码进群,赠送礼品。

【创业小贴士 5-1】

地推销售技巧

1. 找到客户问题所在。只有把问题找准了，才能真正的替客户着想，帮助客户找到他原本就有的需求。

2. 提出解决方案并塑造产品价值。找到客户问题后，客户会认为你的解决方案是为他量身定做的，他会和你一起评价方案的可行性。

3. 做竞品分析。当双方建立了信赖感，你为他提出解决方案，他非常期望你做竞品分析。

4. 解除疑虑帮助客户下决心。如果客户不愿意下决心购买，他肯定有抗拒点。我们要追问下去，抗拒点找准了，解除的方法自然就有了。

5. 做好售后服务。真正的售后服务是人们购买商品或服务后，我们的延续服务，如为客户提供咨询服务，解决客户在使用中的问题。

6. 成交踢好临门一脚。成交阶段，一定要用催促性、限制性的提问，这是铁定的规律，否则的话，你的流程就要从头再来一遍。

7. 要求客户转介绍。人的分享是本能的，一旦客户认可了你的产品和服务，客户是很愿意分享的。

（资料来源：搜狐网（节选））

【创业实践训练 5-2】

地推业务实训

下载"U客直谈"软件或"BDwork—必得我客"小程序筛选合适的项目，选择一家快递网点，也可以选择商场、高校或小区周边，进行地推实践，以加深对地推业务模式和业务流程的理解，实践结束后提交实训报告。

5.2.2 快递＋地推的创业难点

(1) 业务持续性较差

地推是一种比较简单的创业模式。借助快递网点的客户流量，不断转化客户资源。但在地推业务中，创业者常面临业务可持续性差的窘境。大多数商家做地推并不是常年进行，因此，在地推业务开展过程中，创业者需要寻找新的地推业务，扩大业务量。为此，创业者可以借助第三方平台（如 BDwork）寻找新的地推业务，提高地推业务的持续性，以此获取更多佣金。

(2) 资质审核难、履约风险高

地推业务主要是为其他商家进行推广。在推广前，常常没有足够的时间了解商家的资质和履约能力，或者了解商家的资质或履约能力较难。因此，在地推业务开展过程中，可能会面临客户投诉的情况，增加额外风险。此外，地推业务的履约风险较高，商家存在跑路现象。因此，提高结账频率是降低履约风险的重要手段，如采取实时结账、次日结账、周结等方式。

任务5.3　快递＋便利店

【拓展阅读5-3】

便利店是什么？有何存在意义？

便利店英文简称CVS(Convenience Store)，是致力于满足顾客便利性需求的零售业态，起源于美国，成熟在日本，运营及管理在台湾发挥到了极致。便利店一般设店在消费者步行10分钟到达的空间区域内。便利店是一种从超市分化但区别于超市的新型零售业态，沿用超市的经营管理技术，在人口密集度高的地方布局设店，为消费者提供便利性的商品和服务。

从全球零售行业发展来看，世界各地便利店零售额占零售业销售额的比例越来越大，发展稳定。便利店在中国具有广阔的市场空间，特别是在一、二线城市。便利店的商业功能是对城市大中型商业的完善和补充。在便利店业态引入中国之前，中国有小卖部、杂货铺、夫妻店这种与便利店相似度较高的业态。但是由于连锁商超和电商的连续蚕食，小卖部等业态的存量已经急剧萎缩，再加上没有供应优势，小卖部、杂货铺的经营也不得不开始转型，加盟连锁便利店以得到品牌背书和供应链保障。便利店投资小，行业准入门槛低，同质化竞争格局显著，供给的产品大致相同，以包装食品、休闲食品、日用百货等产品为主，创新拓展一些便民服务、增值服务等。

（资料来源：百度百家号（节选））

5.3.1　快递＋便利店概述

(1) 快递＋便利店的业务模式

快递驿站是一个流量的聚集地，每天都有许多人来门店取件寄件。如果这些人都可以顺带购物消费，是不是能够大幅度增收？适合快递驿站的副业有开小便利店做零售、建社群做社区团购、做家政服务等。其中新零售是最常见的，如果快递门店进行合理的优化和布局，空出一块区域出售生活用品，流量优势可以带动商品销量。快递便利店是快递网点与便利店结合的一种模式，可满足社区百姓的生活需求。"快递＋便利店"的经营模式有两种。

　　a. 自营模式

快递网点自己经营便利店，这种方式可以非常透明地了解便利店的经营状况，拥有更高的自主权，充分保证服务质量，但因为是快递网点自己投入，经营成本相对较高，而且快递公司以快递服务为主，如果投入运营便利店，对于快递公司来说也是外行。

  b. 加盟模式

  京东采用的就是加盟模式,加盟便利店遍布在全国各地包括农村和一些偏远地区,而且加盟便利店不需要快递公司投入资金,几乎没有成本,但加盟便利店不利于快递公司进行管理,而且加盟便利店比较分散,人员素质不一,经营方式不同,可能会给便利店和快递公司的合作带来一定难度。

【拓展阅读 5-4】

快递超市连两头,网购网销都不愁

  国家邮政局快递大数据平台实时监测数据显示,2021 年我国快递业务量达 1 000 亿。而这第 1 000 亿件快递是从四川省眉山市多悦镇正山口村乡村快递超市发出的一箱爱媛"果冻橙",发件人是张富熔。这个"90 后"女孩,大学毕业后就到上海闯荡,2021 年 7 月,她下定决心返乡创业。2021 年正山口村"两委"将打通乡村物流"最后一公里"纳入为民办实事任务。眉山市十多个快递公司先后到正山口村考察,经过多轮磋商,最后商定,由村里出场所、出人,建立乡村快递超市,中国邮政、中通、圆通等 10 家快递与其建立合作。2021 年 5 月 1 号,正山口村快递超市正式开业,成为眉山市第一个由集体经济运营的乡村快递网点。快递超市开业半年,正山口村快递包裹进村量从之前的每天 50 件左右增加到了 200 多件。而每派一件,村集体可以从快递公司处获得 0.7 元的派送费。

(资料来源:新浪财经(节选))

  (2) 快递+便利店的开设流程

  a. 准备启动资金

  开快递+便利店要有一笔充足的启动资金,包括前期的投入成本,另外还需要有足够的流动资金,毕竟便利店进货需要大量资金。

  b. 选择合适地址

  快递+便利店选址要合理,如果离小区的距离太远,便利店顾客流量会不足,因此最好开在小区里面。同时,小区人口数量要多,若小区常住人口少的话,则快递的数量也会比较少,来快递网点取件的人也少,便利店自然无法开起来。

  c. 办理营业执照

  开快递+便利店同普通便利店一样,需要到工商局办理营业执照和税务登记证,取得合法经营许可证。

  d. 购买硬件设施

  便利店的相关设备包括电脑、扫描仪、货架、摄像头等,都是需要采购的。

  e. 人员安排处理

  如果是小型的快递便利店,人员安排比较简单。如果快递+便利店的规模比较大,需要雇佣专门的理货员、出货员。

(3) 开快递＋便利店的注意事项

a. 加强店面管理

快递＋便利店有商品零售服务和快递代收发服务，对店里的服务要求更高，需要认真了解快递服务规则，提升服务水平。同时，快递＋便利店还需要安装监控，保障快递包裹的安全性。

b. 对接专业的快递代收平台

当快递代收业务的工作量很大时，容易出错，责任归属也就比较麻烦，要想做好快递＋便利店，需要对接专业的快递代收平台，使用高效便捷的快递代收系统，不仅效率更高，而且出了差错也更容易处理。

c. 培养用户习惯

快递＋便利店要想开好，关键还是人流量，来取件的人多，便利店的营业额才会增长，这就需要培养用户的使用习惯，增加客户黏性，比如定期搞活动、做社区团购等，这样对于后期运营也有一定的好处。

【创业实践训练 5-3】

快递＋便利店实训

任务要求：选择一家快递便利店作为调研对象，了解它的选址、选品、运营方式，以及快递客户转化情况，估算其投入产出比和利润水平，分析快递便利店与普通便利店相比有何优势，请提交一份实训报告。

5.3.2 快递＋便利店的创业难点

(1) 选址难

快递＋便利店的选址十分重要。尽管快递＋便利店既涵盖快递业务，又包含便利店业务，但应以便利店选址为主，主要选择客户流量大，进出方便的店铺，根据便利店主要品类确定目标人群，再根据目标人群的活动路线选址。

(2) 资金需求大

同普通便利店一样，快递＋便利店需要单独进行装修，承担房屋租金，对创业者来说，风险增大很多。因此，在创业之前，需要进行深入调研，包括调查区域市场规模，评估自身市场份额，进行合理的利润测算和投资成本测算，制定差异化的竞争策略，降低创业风险。

任务 5.4　快递驿站＋跑腿

【拓展阅读 5-5】

大学生创业选择校园代取快递，前景如何？

高校快递呈逐年上升趋势，由于快递点在校外、离宿舍较远、学生因为快递堆积而不愿意排队，大部分学生都愿意花钱买时间，"代取快递"的需求在校园里成倍增长。2021年，全国普通高等学校在校生4 430万人，全国普通高等学校3 012所，平均每个学校在校大学生14 707人。菜鸟官网数据显示，大学生人均每年收到43个快递，每个月都要收到3个及以上的快递，高校每月产生4.4万个快递包裹。根据目前封闭管理情况和末端配送服务趋势，学生需要代取的包裹量约占40%以上。因此校园代取快递的市场是非常大的，也比较适合创业者入局，创业者从搭建系统、组建团队、宣传推广，需要有一套成熟的运营体系，帮助创业者快速把握市场，开启盈利模式。

（资料来源：知乎（作者：壹立科技，有改动））

5.4.1　快递驿站＋跑腿概述

（1）简　介

跑腿是指当事人不愿意或者没有精力去办理一些事情或解决某些问题时，需要交由其他人代处理。此时跑腿员就相当于临时的私人助理，帮助当事人完成所要做的事情，而当事人只需支付一定的费用即可。

随着商品经济的日益发展与人们时间观念的增强，人们的需求多种多样，服务行业也越来越广泛，为了满足大家对舒适生活的需求，跑腿行业快速发展起来。跑腿行业作为服务行业的一种，它有着自己独特的使命与宗旨，用户之所以选择跑腿，无非就是想节省时间，获取便利，所以跑腿业务的宗旨一定是建立在用户需求上的。在用户有需求的时候能够帮助用户节省时间，在较短的时间内完成用户委托的事情，解决用户生活中遇到的无暇顾及的琐事，减少用户精力的投入，提升工作效率。

跑腿、快递、外卖都属于配送行业，本质没有什么区别，但如果细分，就会发现虽然三者都是利用配送工具在短时间内满足用户需求，但跑腿却有别于快递、外卖。众所周知，快递、外卖都属于给企业或商家进行文件、物品及餐点的配送，而跑腿却是以家庭、个人或企业的各种需求为导向，更侧重于生活。

相比来看，跑腿更细致、灵活，覆盖范围更广，如代买、代送、代排队、鲜花购买、糕点配送、敲门叫醒、帮遛狗、帮做饭、帮打扫等生活所需服务，跑腿都可以帮忙完成。就跑腿行业的业务类型来说，跑腿是多元化的，旨在能够高质量满足客户需求，让用户拥有良好的体验感。跑腿作为一种行业被人认知，并非偶然。商品经济社会，各行各业不断被细分化、专业化，因此，跑腿行业以一种专业化的姿态出现，是时代进步的表现。

（2）快递驿站＋跑腿平台

a. 蜂鸟即配

蜂鸟即配是阿里本地生活服务公司旗下开放的即时配送平台，为饿了么平台的商户提供即时配送服务，同时还向更多行业和区域输出综合配送解决方案。

b. 快跑者

快跑者同城配送系统不仅适用于餐饮外卖、电商快递、跑腿代办、同城快送等,还可以搭建本地外卖平台,无缝打通三餐美食外卖系统,轻松接收美团、饿了么、百度等外卖平台订单。

c. 达达快送

达达快送是达达集团旗下中国领先的本地即时配送平台,以众包为核心运力模式,搭建起由即时配、落地配、个人配构成的全场景服务体系,服务于各行业、各企业和个人用户。

d. 闪　送

闪送是一对一的服务模式,明确闪送员从取件到送达全程一次只服务一个客户,点对点送达,所以服务的时效更快、确定性更高、安全性更好,也能够为客户不同类型的递送提供各种专属化的服务。

e. 顺丰即刻送

顺丰即刻送为餐饮外卖、商超、生鲜、鲜花等行业提供聚焦3～5公里内的同城专人即拿即送服务,是领先的快递物流综合服务商。

f. UU跑腿

UU跑腿是基于众包模式的第三方电子商务信息服务平台,是国内较早的同城专人直送平台,专注同城即时配送服务,在跑腿服务工具中具有代表性。

目前,出现的众多跑腿服务工具都各有优缺点。如快跑者的配送调度系统适用于各种场景,如同城配送、外卖配送、校园配送、全品类即时配送等,运营者能够实时了解配送团队整体情况,配送信息实时追踪监控,支持不限量的添加和解除合作商户账号,满足多样化的配送需求。除了跑腿配送,还能对接美团、饿了么、有赞等外卖平台的订单。

【创业实践训练 5-4】

快递驿站＋跑腿创业实训

任务要求:以5～10人为一个小组,选择某高校的学生、某小区的居民或者某写字楼白领作为调研对象,通过线下走访或线上调查的方式,了解学生、居民或白领对跑腿业务的个性化服务需求,分析该校、该小区或该写字楼是否适合跑腿业务创业,如果适合创业,可选择何种创业形式,请提交一份实训报告。

(3) 快递驿站＋跑腿收费

城市、配送距离、物品重量等因素都会影响收费。一般跑腿收费是按照如下的情况计算:3 km以内,5 kg以下,12元;3～20 km每增加1 km,加收2元;20 km后每增加1 km,加收3元;5～20 kg每增加1 kg,加收2元;超出20 kg后,每增加1 kg,加收5元;夜间下单或预约单,需支付夜间费或预约费3元。

5.4.2 快递驿站＋跑腿的创业难点

(1) 挖掘跑腿需求

快递驿站＋跑腿创业的主要难点是挖掘客户需求,扩大业务规模。为此,创业者要充分了解各快递公司关于上门配送、上门取件的政策,积极寻找商机,着力了解用户核心痛点,提供合理解决方案,通过横向业务方式多渠道开发客户跑腿需求。

(2) 挖掘其他需求

除了挖掘客户的跑腿需求外,创业者还应结合区域内客户个性化需求,满足客户的其他需求,如实时上门取件服务、包年配送服务、带垃圾下楼服务、遛狗服务、家政服务等需求,多维度拓展业务,打造个性化的优质品牌服务,提升用户黏性和满意度。

课后习题

1. 思考:社区团购有何优越性?人们为什么选择社区团购?
2. 思考:快递驿站发展社区团购业务的具体流程。
3. 思考:什么产品适合做快递＋地推?
4. 思考:快递驿站＋便利店的优缺点分别是什么?
5. 调查各跑腿平台跑腿收费标准,有何区别?其制定标准是否合理?

参考文献

[1] 闫靖,陈丽.快递管理实务[M].北京:北京航空航天大学出版社,2021.

[2] 国家邮政局.YZ/T 0145—2015 快递末端投递服务规范[S].北京:人民交通出版社,2015.

[3] 中华人民共和国国家质量监督检验检疫总局,中国国家标准化管理委员会.GB/T 10757—2011 邮政业术语[S].北京:凤凰出版社,2011.

[4] 上海市质量监督管理局.DB31T 1164—2019 快递末端综合服务站通用规范[S].北京:人民交通出版社,2015.

[5] 国家邮政局职业技能鉴定指导中心.快递客户关系管理[M].北京:人民交通出版社,2016.

[6] 朱晓军,杨丽萍.快递中国[M].重庆:重庆出版社,2016.

[7] 许良锋.数说中国快递[M].重庆:人民邮电出版社,2022.

[8] 菜鸟驿站.智慧物流末端综合实训[M].北京:电子工业出版社,2021.

[9] 杨萌柯,周晓光,刘艳辉.智能快递柜管理系统实训[M].北京:北京大学出版社,2017.

[10] 同花顺金融研究中心.圆通速递 2023 年半年度董事会经营评述[EB/OL].(2023-08-22)[2024-01-10].https://stock.stockstar.com/IG2023082200031827.shtml.

[11] 中国邮政快递报社.快递末端的新未来[EB/OL].(2023-04-17)[2024-02].https://m.thepaper.cn/baijiahao_22738674.

[12] 界面新闻.13 部门:将智能快件箱、快递末端综合服务场所等纳入公共服务基础设施[EB/OL].(2023-07-12)[2024-01-10].https://baijiahao.baidu.com/s?id=1771196132438758757&wfr=spider&for=pc.

[13] 中国网财经.快递"最后一公里"大会:末端服务呈效率提升、件均成本降低趋势[EB/OL].(2023-09-27)[2024-01-10].http://finance.china.com.cn/industry/20230927/6036587.shtml.

[14] 工人日报客户端."中国快递第一乡"长啥样?民营快递企业 30 年前从这里起源[EB/OL].(2023-07-01)[2024-01-10].https://www.workercn.cn/c/2023-07-01/7894416.shtml.

[15] 太原晚报.快递业井喷背后的喜与忧[EB/OL].(2017-08-03)[2024-02].https://item.btime.com/04evqr55vn8715emidkh11hg608.

[16] 知乎.一文读懂社区团购[EB/OL].(2020-11-13)[2024-01-10].https://zhuanlan.zhihu.com/p/291563239.